부디 계속해주세요

■ 이 도서의 국립중앙도서관 출판예정도서목록(CIP)은
서지정보유통지원시스템 홈페이지(http://seoji.nl.go.kr)와
국가자료공동목록시스템(http://www.nl.go.kr/kolisnet)에서 이용하실 수 있습니다.
(CIP제어번호: CIP2018007375)

부디 계속해주세요

한일 젊은 문화인이 만나다

마음산책

옮긴이 박창학

고려대학교 국문학과를 졸업했으며 와세다대학교 대학원 문화연구과에서 영화 이론으로
박사과정을 수료했다. 음악 프로듀서 및 작사가로 활동하고 있다. 지은 책으로 『라틴 소
울』, 옮긴 책으로 『꽁치가 먹고 싶습니다』 『나쓰메 소세키론』 『영화의 맨살』 등이 있다.

부디 계속해주세요

한일 젊은 문화인이 만나다

1판 1쇄 인쇄 2018년 3월 15일
1판 1쇄 발행 2018년 3월 20일

지은이 | 문소리 · 니시카와 미와 · 김중혁 · 요리후지 분페이 · 안기현 ·
        고시마 유스케 · 정세랑 · 아사이 료 · 기슬기 · 오카다 도시키
옮긴이 | 박창학
펴낸이 | 정은숙
펴낸곳 | 마음산책

편집 | 이승학 · 최해경 · 최지연 · 성종환   디자인 | 이혜진 · 최정윤
마케팅 | 권혁준 · 김종민   경영지원 | 박지혜

등록 | 2000년 7월 28일(제13-653호)
주소 | (우 04043) 서울시 마포구 잔다리로 3안길 20
전화 | 대표 362-1452 편집 362-1451   팩스 | 362-1455
홈페이지 | http://www.maumsan.com
블로그 | maumsanchaek.blog.me
트위터 | http://twitter.com/maumsanchaek
페이스북 | http://www.facebook.com/maumsanchaek
전자우편 | maum@maumsan.com

ISBN 978-89-6090-368-5 03300

* 이 책에 실린 대담은 한국국제교류재단 도쿄사무소, 일본국제교류기금 서울문화센터,
  쿠온(Cuon, Inc.)의 공동 기획으로 마련되었습니다.

* 책값은 뒤표지에 있습니다.

자신이 '할 수 있을까?' 하고 망설이는 순간

가능성은 절반 이하로 떨어져버려요.

일러두기

1. 이 책은 한국국제교류재단 도쿄사무소, 일본국제교류기금 서울문화센터, 쿠온(Cuon. Inc.)의 공동 기획으로 한일국교정상화 50주년이 되는 2015년부터 3년 동안 진행된 프로젝트〈한일 차세대 문화인 대담─함께 말하고 생각을 나누다〉를 기록한 것이다. 한국과 일본에서 활약하는 20대부터 40대 중반의 문화인 다섯 쌍이 만나 양국에서 1회씩 총 10회에 걸쳐 대담을 진행했다. 마음산책과 쿠온이 각각 한국어와 일본어로 동시 출간했으며 일본어판의 제목은 『今、何かを表そうとしている10人の日本と韓国の若手対談』이다. 한국어판은 일본 대담자의 대화만 우리말로 옮겼고, 옮긴이 약력은 판권란에 실었다.

2. 옮긴이 주는 본문 글줄 상단에 맞춰 작은 글자로 달았다.

3. 외국 인명·지명·작품명 및 독음은 외래어표기법을 따르되 관용적 표기와 동떨어진 경우 절충하여 실용적 표기를 따랐다.

4. 국내에 소개된 작품명은 번역된 제목을 따랐고 그렇지 않은 것은 우리말로 옮겨 적거나 독음대로 적은 뒤 원어를 병기했다.

5. 잡지, 신문, 영화, 각본, 노래, 공연 등은〈 〉로, 논문과 단편은 「 」, 단행본과 장편은 『 』로 묶었다.

차
례

창작을 하는 사람들에게 새로운 아이디어 같은 것들은
상상력이 아니라 관찰력에서 비롯된다고 생각하는 편입니다.

－김중혁

문소리
니시카와 미와

문소리 　배우, 영화감독. 1974년 부산에서 태어났다. 1999년 이창동 감독의 〈박하사탕〉으로 데뷔했고 〈오아시스〉 〈바람난 가족〉 〈사과〉 〈가족의 탄생〉 〈잘 알지도 못하면서〉 〈하하하〉 〈다른 나라에서〉 〈자유의 언덕〉 〈아가씨〉 등 주역과 단역을 통틀어 마흔 편이 넘는 영화에 출연했다. 베니스영화제 신인연기상 등 국내외 다수의 상을 수상했다. 2017년 〈여배우는 오늘도〉로 감독 데뷔했다.

니시카와 미와 영화감독, 소설가. 1974년 일본 히로시마에서 태어났고 와세다대학교에서 미술사를 전공했다. 대학 재학 시절 고레에다 히로카즈 감독의 〈원더풀 라이프〉에 스태프로 참여하면서 영화 현장을 두루 겪다 2002년 〈산딸기〉로 감독 데뷔했다. 〈유레루〉 〈우리 의사 선생님〉 〈꿈팔이 부부 사기단〉 〈아주 긴 변명〉 등을 만들었으며, 작가 생활을 활발히 병행하고 있다.

배우로서 감독으로서 서로의 빛나는
활약상에 관심을 가져오던 두 사람. 언어의
울타리를 넘어 동갑내기 영화인으로서,
여자로서, 사람으로서 솔직하게 공감하는 그들,
사석처럼 편안한 대화를 이어가고……

감독이라는 업의 깊이와 우스꽝스러움

내 몸을 깎아내 비밀을 밝히고
고독까지 떠안아서

사회자   우선 어제 보신 연극(소설가 김영하의 동명 작품을 각색한 〈빛의 제국〉)의 감상부터 이야기하면 어떨까요.

니시카와   원작을 미리 읽은 뒤에 연극을 봤습니다.

문소리   아이고, 그렇게까지 해주셔서 몸 둘 바를 모르겠습니다.

니시카와   원작과는 전혀 맛이 다르게 무척 예술적인 접근을 하고 있구나 하고 생각했습니다. 원작을 읽었을 때, 생활감이나 사람과 사람 사이의 커뮤니케이션이 우리들 일본인도 충분히 이해 가능한, 무척 친근한 내용이라고 생각했습니다. 연극이 그러한 일상석인 리얼리티는 굳이 배제하고 심플한 세계로 완성된 것은, 어쩌면 일본인도 한국인도 아닌, 프랑스인이 연출했기 때문인가 하고 느꼈습니다.

문소리 이 작품은 한불국교정상화 130주년을 기념한 문화 교류라는 취지 아래 기획된 것입니다. 연출가가 원작을 마음에 들어 한 데서 태어난 연극이 아니라, '한국 측이 이 작품을 원한다면 해보자'라는 입장이었다고 합니다. 그 때문에, 연출가가 남북 분단의 현실을 머리로는 이해할 수 있었다고 해도 실제로 느끼는 것은 불가능하지 않았을까 하고 저희도 처음에는 조금 의심을 품고 있었습니다. 한국인이 어떤 식으로 성장해서 어떤 교육을 받았고 지금도 어떤 영향을 받고 있는가 하는 것은 대단히 커다란 문제잖아요. 그것을 연출가가 느끼고 이해해 전부 받아들일 수 있겠는가 했던 거죠. 그런데 연출가는, 어떤 비밀과 거짓말이 두 사람의 인생을 어떻게 파괴해갔는가, 어떻게 아픔을 주었는가, 그것을 전하는 데 초점을 둔 것이죠. 현대사회를 살아가는 사람들은 설령 스파이가 아니라 해도 저마다 정체성에 대해 혼란을 느끼고 있고, 다른 이에게 마음을 열지 않는 상태에 있어요. 거기서부터 접근하니 결과적으로 소설을 읽고 느낀 것보다 더 많은 것을 느낄 수 있었어요. '아, 나도 알고만 있었지 진짜로 몸으로 느끼면서 살지 않았구나, 그러려고 하지 않았구나' 하고요. 프랑스에서 건너온 사람이 나를 자극시켜준다는 것, 이게 굉장히 놀라운 경험이었던 것 같아요.

사회자 두 분이 나이가 같다는 건 알고 계셨나요?

문소리　　네. 타이거?(웃음)

니시카와　그렇습니다, 호랑이띠예요. 인터넷에서 프로필을 보고 동갑인
　　　　　걸 알았어요.(웃음) 7월 2일인가요?

문소리　　네.

니시카와　저는 7월 8일, 게자리입니다.

문소리　　감정의 기복이 심하다는 게자리시군요.(웃음)

사회자　　그래서 이렇게 만난 게 대단한 인연이라는 생각이 들어요. 아시
　　　　　아에서 여성으로서 영화 일을 하시는 두 분이 서로 만나고 싶었
　　　　　던 이유가 있었을 것 같습니다. 그 이야기를 하면서 자연스럽게
　　　　　영화 이야기로 넘어갈 수 있을 것 같은데요?
　　　　　·

니시카와　2013년 5월에 한국에서 개최된 서울국제여성영화제에 초대되
　　　　　었습니다. 그때 문소리 씨가 불러주셔서 아주 맛있는 식사를 대
　　　　　접받았어요. 그때는 맛있게 잘 먹었습니다.(웃음) 당연히 출연작
　　　　　은 이미 보았고 무척 팬이었기 때문에, 문소리 씨께서 만나자는
　　　　　얘기를 해주셔서 대단히 영광스러워 들떠서 찾아뵈었습니다. 이
　　　　　야기를 나눠보니 역시 감독과 배우라기보다 같은 영화제작자라
　　　　　는, 뭔가 공통의 언어라든지 생각하는 방식을 문소리 씨에게서
　　　　　무척 많이 느꼈습니다. "이야기를 나누고 싶은 한국의 문화인이

　　　　　　　　　　　　　　　　　　　　　문소리 × 니시카와 미와

있습니까?"라는 질문에 이번에는 제 쪽에서 문소리 씨의 이름을 말씀드렸지요.

문소리 저는 영화 〈유레루〉를 무척 인상 깊게 봤어요. 〈우리 의사 선생님〉도 한국에서 공개되었고, 〈꿈팔이 부부 사기단〉도 영화제에서 상영하는 시기였습니다. 그러니까 한번 뵈면 좋겠다고 생각을 했죠. 제가 처음으로 여성영화제에서 심사를 할 때 일본 나고야의 여성영화제 집행위원장이시던 분, 성함은 잊었지만 그분과 심사도 함께했었고, 또 옛날에 오즈 야스지로의 영화 〈도쿄 이야기〉에서 막내딸로 나왔던 배우가 있어요. 지금은 할머니 여배우신데, 가가와 교코香川京子 씨께서 제 영화 〈우리 생애 최고의 순간〉을 재미있게 보셨다고 해서 말씀을 나눈 적이 있고, 나중 일이지만 도쿄국제영화제에서 심사위원을 맡았을 때는 데라지마 시노부寺島しのぶ 씨와 만나 이야기를 나누고 하면서 일본의 영화 하시는 분들을 점점 더 가깝게 느끼기도 했어요. 그런만큼 니시카와 감독님이 한국에 오신다고 했을 때, 함께 식사할수 있으면 좋겠다고 생각한 거예요. 그 뒤로 책을 쓰신다고 들은것 같은데 신작이 없어서 최근엔 뭐 하시나 굉장히 궁금했거든요. 그런데 이렇게 갑자기 연락이 와서 저도 굉장히 반가웠어요.

니시카와 감사합니다. 그때부터 열심히 써서 이제 겨우 4년 만에 작품이 완성된 참입니다.

문소리 소설인가요?

영화 〈유레루〉(2006)의 한 장면.

니시카와 소설을 먼저 쓰고, 그 후에 그것을 시나리오로 완성했어요. 작
년 3월 말부터 촬영을 시작해서 12월까지 사계절을 따라 촬영
했고, 이번 달 초에 막 필름 더빙을 마치고 완성했습니다.

문소리 사계절을 전부? 정말 고생하셨습니다!(웃음)

니시카와 겨울이 아직 다 물러가지 않아 추운 때부터 찍기 시작했어요.
제 작품에서 처음으로 어린아이가 나오는 영화입니다. 아이가
주역은 아니지만, 주인공이 우연한 계기로 생판 타인인 아이들
과 시간을 보내게 된다는 내용이에요. 다섯 살 여자아이와 6학
년짜리 남자아이인 남매. 그 성장이라든지 계절의 변화를 제대

로 담아보겠다고 생각했어요. 일본 영화계도 예산 문제로 긴 시간을 들여 촬영하는 것은 좀처럼 허가가 떨어지지 않습니다만, 무슨 일이 있어도 양보할 수 없는 부분이었기 때문에 이번에는 시간을 들여 찍었습니다.

문소리 너무 힘드셨겠어요. 일본 영화계는 제작 기간이 짧다고 들었어요.

니시카와 한국 영화와 비교해 짧은 게 아닐까요.

문소리 네, 더 짧다고 들었어요.

니시카와 철야 작업도 당연하게 여겨집니다. 하지만 이번에는 출연자가 어린아이들이라 집중력도 이어지지 않는 데다가 두 시간이면 엉망진창이 돼버리기 때문에 하루 중 한정된 시간을 찍었어요. 예산도 넉넉하지 않아서, 스태프 수를 줄이고 16밀리 필름 카메라를 썼죠. 그 대신 충분한 일수를 들여서 찍는 방법을 썼습니다.

문소리 아이들과 촬영을 한다는 것이 얼마나 힘든지 저도 알아요. 아이, 공, 동물, 이 셋이 제일 힘들죠. 그런데 그렇게 아이랑 촬영하시는 동안 저는 애를 키웠네요. 이제 여섯 살 됐어요.(웃음)

니시카와 정말이지 저도 촬영한 아이들을 진짜로 키웠다고 생각해요.(웃음)

문소리 그러셨을 것 같아요. 사계절을 다 담아서 아이들이랑 촬영을 한다는 게. 제목이 어떻게 되나요?

니시카와 〈아주 긴 변명〉입니다.

문소리 좋은 결과 있으시길 바랍니다. 왠지 아이들이 나온다니까 그래도 조금은 어둡지 않은 영화일 것 같은데요.(웃음)

니시카와 그게, 어둡답니다.(웃음) 물론 어두운 요소도 많습니다만, 제가 지금까지 만든 영화와 뭐가 다른가 하면, 지금까지는 비교적 거짓말이 다 드러나서 그 안에 숨어 있던 비밀이 발각돼버리거나 지켜지던 평화가 무너지거나 하는 '붕괴 스토리'를 만들어왔다고 생각해요. 그런데 이번에 제가 새로 시도해본 것은, 붕괴가 먼저 있고, 그 붕괴 후에 무엇이 이어지는가예요. 부서지는 것은 간단하지만 부서진 후에 이어지는 인생은 실로 길고 평탄하고 따분해서 정말로 힘들다는 식이죠. 저도 나이가 들면서 그렇게 느끼는 부분이 많아요.
'기르다'라는 것이 영화의 하나의 테마이기도 했어요. 어두운 모티프를 다루고 있습니다만 아이들은 조금씩 성장도 해주죠. 다양한 반짝임 같은 것을 아이들이 가져다줘서, 다 보고 나면 나쁘지 않은 느낌의 영화가 되어 있지 않나 생각합니다.

문소리 〈우리 의사 선생님〉도 그랬던 것 같아요. 노인들이 돌아가시고, 사실 그 의사 선생님도 나중에 암이고, 의사 선생님도 가짜였지

<철없던 한 남자에게 다시 찾아온 설렘>

아주 긴 변명

세련된 연출로
조용하게 마음을
사로잡는 영화!
The Hollywood Reporter

2017.02 Coming Soon

〈아주 긴 변명〉(2016)의 포스터.

만, 동네 사람들의 여러 모습이 굉장히 살아 있다는 느낌이 들었거든요. 제가 본 세 작품 중에서 제가 느낀 감독님 본래의 분위기와 가장 닮은 것 같았어요. 감독님은 줄곧 비밀이 폭로되는 스토리를 그려오셨는데, 실은 제가 어제 연기한 연극도 비밀을 밝히는 이야기예요.

니시가와 그렇군요. 역시 저 자신이 이야기의 주인공에 투영되어 있는 부분이 많든 적든 있습니다. 〈우리 의사 선생님〉 때도 마찬가지였어요. '영화감독이라는 큰 이름을 짊어진 신세지만 구로사와 감독이나 오즈 감독과 나 자신은 다르다. 그렇지만 세상으로부터 기대를 받기도 해서, 나 자신은 가짜지만 진짜인 시늉을 하지 않으면 안 된다' 하는 불안으로부터 계기가 생겨난 부분도 있습니다. 그 때문만은 아닙니다만, 여러 주인공에 저 자신이 투영되어 있지 않을까 생각합니다.

문소리 일본에는 여성 감독이 많은가요? 제가 아는 감독은 가와세 나오미河瀨直美, 니시카와 미와, 두 분 정도밖에 생각이 안 나네요. 어떤가요?

니시카와 꽤 늘었다고 생각합니다. 미디어가 다양해져서 학생 시절부터 작은 카메라로 영화를 찍어 여러 작품을 낼 기회가 남녀 불문하고 늘었으니까요. 앞으로 더 늘지 않을까 생각합니다. 문소리 씨도 단편영화를 찍고 계시다고 들었습니다. 어째서 감독이 되어서 작품을 만들게 되었나요?

문소리 감독이 되자고는 생각하지 않았어요.(웃음) 고백하자면 영화를 학교에서 배운 적이 없어요. 학생 시절 전공이 교육학이에요. 선생님이 되려고 했어요. 그래도 연극이 좋아서 선생님은 안 하고 연극을 하거나 영화 오디션을 보며 영화의 길로 나아갔던 건데, 그래서 저는 늘 속으로 영화나 연기에 대해서 교육이 안 되어 있다는 생각이 있었어요. 교육을 받지 않은 것이 오히려 힘이 되었다고도 생각해요. 그러다가 아이를 낳고 작품 섭외가 이전보다 줄면서 공부를 하려면 지금 해야겠다는 생각이 들었어요. 어떻게 보면 나이가 들고 엄마가 되어서 배우로서 자존감이 떨어지고 있었던 것도 같아요. 자존감을 높이는 방법은 여러 가지가 있죠. 어떤 사람들은 얼굴을 다 고치기도 하고 명품 가방을 사기도 해요.(웃음) 하지만 저는 공부를 하려고 대학원에 갔어요. 연기를 공부하고 싶다기보다 '영화'를 공부하고 싶었어요. 주변 사람들한테서도 연출을 전공하는 게 좋다고 권유받았어요. 영화를 공부하려 한 것이지 감독이 되려는 목표가 있었던 건 아닙니다. 그런데 졸업하려니 단편영화를 세 편 만들지 않으면 안 됐던 거예요.(웃음) 영화를 처음 만드는 많은 사람들이 그러듯이 '그러면 내 이야기에서 한번 출발해보자'라고 생각해서 여배우의 하루를 그린 단편영화를 만들게 되었습니다. 세 편을 만들어서 2년 만에 얼른 학위를 따고 졸업해버렸어요.

니시카와   대단하시네요.

문소리   이제까지도 어려운 배역이나 제작 환경에 도전하기는 했어요. 〈오아시스〉의 캐릭터는, 에베레스트 정상에 오르는 것보다 더 큰일이었다고 생각해요. 하지만 영화를 제작해보고 깨달은 것은, 아무리 괴로운 역을 연기해도 감독에 비할 수 없다는 것, 감독이 세상에서 가장 힘들다는 겁니다.(웃음)

니시카와   정말로 그랬나요?

문소리   정말입니다.(웃음)

니시카와 　역시 상당히 저예산으로 만드셨나 보군요?

문소리 　네, 예산이 적었어요. 그런데 그보다 힘들었던 것은, 배우는 배역에 빠져들 때와 나올 때가 있고, 압박도 있지만 숨도 쉴 수 있죠. 하지만 감독은, 머리에 뒤집어쓴 헬멧 끈이 점점 더 목을 조르는 것 같은 기분이 듭니다. 때가 되면 숨이 트일 거라고 생각했더니 영화제작이 끝나도, 작품을 공개할 때까지도 계속 책임에 짓눌려 숨을 쉴 수가 없는 거예요. 게다가 왜 이런 이야기를 만들어 세상에 내놓는지 정당성을 계속 고민해야 하니까 압박이 끊이질 않더라고요. '이건 정말 아무나 하는 게 아니구나' 했어요. 집에 같이 살고 있는 감독님에게 아주 공손해졌어요. 남편이 영화감독이거든요.(웃음) 영화를 찍어보니 더 연기가 하고 싶어져서 '나는 타고난 배우구나' 하고 느꼈어요.(웃음)

니시카와 　과연 그렇겠네요.(웃음)

문소리 　이메일 주소를 알려주시면 제가 동영상 링크를 보내드릴게요.

니시카와 　알려드릴게요. 꼭 보고 싶어요.

문소리 　네. 마음 편히 간식 놓고 웃으며 보실 수 있는 영화예요.(웃음)

니시카와 　남편분께서는 보시고 뭐라고 말씀하셨나요?

음.(웃음) 그렇게 좋은 말을 해주진 않았어요. 평소에는 모든 말을 굉장히 친절하고 다정하게, 이 사람은 무슨 말이든지 곱게 한다 싶게 하는데, 유일하게 영화나 제 연기에 대해서는 '부부 사이에 뭐 이렇게 날카롭게 칼을 빼 드는지'라는 생각이 들 정도예요. 그래서 보여주기가 굉장히 두려워요. "고생했는데 내 눈에는 이런저런 단점이 보이네"라며 지적을 많이 당했죠.

세 편 중에서 두 번째 파트에는 제 가족들이 나오는데 다 배우들을 캐스팅했어요. 그런데 제 남편 역할에는 어느 배우도 캐스팅하기가 어려운 거예요. 그 사람 느낌을 어느 누구도 내줄 수 없을 것 같아서 끝내 캐스팅을 못했어요. 잠깐 방에서 대화를 나누는 신인데. 제가 너무 캐스팅을 못하겠다고, 직접 출연해주면 안 되겠느냐고 남편한테 부탁을 했어요. 그랬더니 처음에는 자긴 절대로 연기 못한다고 펄쩍펄쩍 뛰는 거예요. 그래서 결국에 합의를 봤어요. 얼굴이 안 나오게 등하고 옆모습만 찍을 테니까 대사만 해주면 된다. 얼굴은 안 나와도 그편이 훨씬 느낌이 살 것 같았거든요. 그렇게 약속하고 남편이 현장에 왔어요. 그런데 제가 카메라 앵글을 세팅하는 사이에 보니까 남편이 옆방에서 얼굴 분장을 다 했더라고요.(웃음) "아니, 얼굴도 안 나오는데 분장을 왜 했어요?" 하고 물었더니 "내가 감독인데, 감독 말을 어떻게 믿어요?" 이러는 거예요. 감독이 현장에서 어떻게 찍을지 어떻게 아느냐고.(웃음) 그렇게 한 컷 도와주고 돌아갔어요. 저는 그 얘길 듣고 "카메라 더 돌려도 돼" 하면서 옆모습이 나오게 찍었죠.

니시카와 저도 말씀하신 대로 약속을 찔끔찔끔, 서서히 깨뜨려갑니다.(웃음) 저기, 남편분은 감독으로서 배우에게 자신이 연기를 해 보이는 식의 연출은 하지 않으실 것 같은데, 어떤가요?

문소리 네, 거의 안 그러는 것 같아요. 한국 감독들 중에서 임상수 감독님이 그러는 편이에요. "이렇게 하란 말이야" 하면서 자기가 움직이면서 대사를 해요. 우리가 임상수 감독님이 보여주신 걸 똑같이 따라 하면 "그게 아니고 이렇게!" 하면서. 주로 에너지가 많이 끓어오르시는 분들이 본인 설명을 에너제틱하게 덧붙이다 보면 연기도 하시는 것 같아요. 저희 남편은 굉장히 긴 시간을 가지고 천천히 설명하는 타입이고요. 감독님마다 타입이 다르죠. 감독님께서는 현장에서 어떠세요?

니시카와 저는 절대로 해 보이지 않습니다. 물론 할 수도 없고요. 다만 배우도 여러 타입이 있어서, 해 보이는 편이 좋다고 생각하는 사람이 혹시 있을지도 모르겠네요. 저는 연기 경험도 전혀 없고, 어떤 식으로 연기하면 문제를 해결할 수 있을지 제 안에서는 방법론을 알지 못하는 거죠. 그래서 다양한 비유와 말로 설명해요. 어떤 인물로 어떤 식으로 살아왔다 하는 이력도 준비하고요. 그렇지만 제 몸을 통해 연기로 설명하는 것은 못합니다. 배우가 어떻게 생각할까 하는 건 평소에 신경이 쓰입니다만. 문소리 씨는 연출을 받는 쪽으로서 어떠신가요?

문소리 저는 기본적으로 배우는 그런 말을 할 자격이 없다고 봐요. 배우는 어떠한 감독이든 만나서 소통을 해야 해요. 감독이 이랬으면 좋겠다 저랬으면 좋겠다 하는 생각은 가져서는 안 되는 것 같아요. 저 사람이 감독이고 내가 이 작품을 저 사람과 하기로 했으면 내가 어떤 방법을 써서든 저 사람이 어떤 식으로 말하는 사람인지, 또 어떤 생각을 가진 사람인지 알아내기 위해 최선을 다해야 한다고 생각하거든요. 유일하게 원하는 것은, 소통하시기를 바란다는 거예요. 내가 너랑 소통하고 싶지 않다, 나는 너에게 다 말해주지 않을 것이다, 내 생각이 열 가지 인데 너는 다 알 필요가 없다, 이렇게 말하면 굉장히 절망스러워요. 실제로 그렇게 말하지 않더라도 그런 태도라면 배우로서는 굉장히 절망스럽고, 어딘가 오르는데 갑자기 밧줄이 뚝 끊긴 것 같은 느낌이 들죠. 또 배우들이 오감, 육감이 굉장히 예민한 사람들이잖아요. 그래서 저 사람이 나에게 집중을 하는지, 저 사람이 나를 사랑하는지, 이런 것들을 정말 어린아이처럼 본능적으로 잘 느껴요. 저 사람이 나와 소통하기를 원한다는 확신만 들면 어떠한 방법이라도, 내가 지식이 모자라면 공부를 해서라도 저 사람과 소통을 해야 한다고 생각합니다. 연극, 영화 같은 작업을 할 때는 소통이 그 작업의 가장 처음이자 가장 핵심이라고 생각해요. 제가 옛날에 어떤 아역이랑 일을 한 적이 있어요. 제 아이로 나왔는데 그 아이가 연기를 잘하는 아이였어요. 그 아이가 연기를 하고 왔어요. 감독님이 그 아이한테 다시 한 번 가자면서 디렉션을 하는데 아이가 못 알아듣는 말을 하는 거예요. "너한테 이런 트라우마가 있을 수 있고……." 그 아이는 트라우마라는 말을 알 수가 없는 나이예요. "트라우마가 있을 수도 있지만 내가 그것을 플래시백으로 보여주지 않을 거고……." 플래시백이 뭔지도 모르는 아이예요. "그렇지만 이 앵글의 미장센에서……." 미장센이 뭔지도 모르는 아이예요. 그런데도 막 그렇게 설명을 하는 거예요. 그래서 속으로 '저 감독님이 왜 저러시나. 아이가 못 알아듣는 말을 저렇게 해서 어쩌자고 저러시나' 그랬어요. 아이는 가만히 듣고 있더라고요. 다시 한 번 가보자고 하니 "네" 이러고 갔는데, 어머, 정말 다 알아들은 아이처럼 연기가 바뀐 거예요. 정말 이 말을 완벽하게 이해한 사람처럼 연기를 하더라고요. 그래서 제가 너무 신기해서 뒤에서 불렀죠. "너, 그런데 아까 감독님이 하시는 게 무슨 말씀인지 다 알아들었어?"라고 물어봤더니 "아니요. 제가 모르는 말이 너무 많아가지고요"래요. "그런데 너 어떻게 이렇게 잘했어? 너무 잘했어" 했더니 "그냥이요. 감독님 말을 못 알아들으니까 계속 속으로 생각했어요. 감독님께서 무엇을 원하실까, 내가 어떻게 하기를 원하시는 걸까, 그것만 계속 생각했는데 왠지 그건 것 같아서 그렇게 했어요." 저는 '정말 저거를 배워야겠다' 하고 생각했어요. 감독한테 '니가 지금 말이 되는 소리를 하고 있니?'라는 소리를 할 게 아니라, 저 아이의 태도를 정말 배워야겠다, 저런 식으로도 우리는 커뮤니케이션을 할 수 있겠구나 하고 느낀 적이 있어요.

니시카와   와, 남의 일 같지 않은 마음이 드는 이야기네요, 정말로. 저도 배우에게 "그게 아니야. 이 사람은 이래서, 그러저러한 일이 있어서……"라고 말하면 배우는 "네, 네, 그렇군요. 알겠습니다. 해보겠습니다" 하고 말해주기는 하지만 거의 모르고 있을 거예요. 저

                                                       문소리 × 니시카와 미와

도 해놓고 보자는 식으로 말하는 부분도 있고, 말하는 내용도 지리멸렬하거든요. 그걸 '연기를 개선시키려고 시행착오 끝에 이런저런 말을 내게 던져주는 거다'라고까지 배우는 짐작으로 알아차리고, '뭐, 결국은 잘 모르겠지만 감독님을 위해 한 번 더 해보겠습니다' 하는 태도로 납득해주고 있구나 싶은 배우들의 그 표정은 최근에야 알 수 있게 됐습니다.

문소리   그런데 진짜 그렇게 마음을 보려고 노력하고 에너지를 나누는 것이 같이 일하는 것의 핵심인 것 같아요. 이번에도 프랑스 사람의 연출이라서 어떤 때는 영어로, 어떤 때는 불어로, 우리는 한국말로, 여러 가지 언어가 난무했고 연습 기간도 그리 길지 않았거든요. 그런데 정말로 저 사람이 우리를 잘 들여다보는구나 하고 느끼는 순간, 우리도 정말 우리의 모든 것을 써서 집중해야겠구나 하는 마음이 저절로 우러나오더라고요. 그래서 그런 이야기도 했어요. "프랑스 말이 아니라 어디 외계인 연출이 와서 이야기를 해도 배우는 말을 알아듣고 연기를 해야 하는 거다." 감독과 배우 사이에 진심이 오갈 때 결국 관객한테도 그것이 보이고 전달되는 게 아닐까 싶더라고요.

니시카와   그럼 연출에서 언어의 벽은 문제가 아니게 됐다는 건가요?

문소리   네. 문화 차이, 언어 차이, 이런 것들이 없다고는 말 못하지만 큰 문제는 아니라는 생각이 이번에 들었어요. 옆에 통역이 있으니까 시간은 조금 더 걸리겠죠. 그래서 정말 영어라도 더 공부해

연극 〈빛의 제국〉.

야겠다는 생각을 이번에 많이 했죠.(웃음)

니시카와   연극과 영화의 연기는 어떤 차이가 있다고 느끼시나요?

문소리   근본적으로 같다고 생각합니다. 누구라도 방에 혼자 있을 때와 사람들 앞에 설 때는 다릅니다. 그 정도의 차이인 거죠. 다만 극장을 사용한다는 공간적인 차이는 있어요. 카메라 앞에서 연기를 할 때는 실제로 우리가 생활하는 공간과 다를 바 없어요. 하지만 연극은 무대라는 공간에 맞춰서 연기하지 않으면 안 되죠. 그래도 연기를 할 때 배역에 몰입했다가 끝나고 나면 빠져나오는 과정은 마찬가지입니다.

니시카와 카메라와 스태프만 보는 것과 달리 관객을 직접 보기 때문에 무엇인가 영향이 있을 것 같은데요.

문소리 처음에는 그냥 조금 더 긴장되고 의식하게 되는 것들이 있었는데, 조금 서보니까 훨씬 '지켜보세요. 우리는 우리 것을 하고 있을게요'라는 마음이 되더라고요. 그런데 그것은 마찬가지인 것 같아요. 삼사백 명의 관객이 주는 압박감이나 카메라나. 카메라가 주는 압박감도 있거든요. 제가 십 몇 년 전 영화를 시작했을 때는 카메라가 이만했던 것 같은데, 그게 앞에 딱 버티고 있으면 더욱더 긴장이 되죠. 그런데 이제는 카메라 앞에서도 제가 별로 긴장하지 않는 시간들이 있죠. 비슷한 것 같아요.
제가 느낀 가장 다른 점은, 영화는 테이크를 몇 번 가서 그중에 정말 좋은 테이크를 하나 건지면 돼요. 그걸 다 붙여서 영화를 만들어요. 그런데 연극은 매일 새로운 관객 앞에서 해야 하니 제일 좋은 테이크를 매일 해야 하는 거예요. 보정할 수가 없어요. 모두 똑같은 돈을 내고 오셨는데 '오늘은 60점짜리 보고 가세요. 내일은 80점짜리 할 테니' 이럴 수 없잖아요. 저는 정말 늘 100점 이상의 완벽한 테이크를 보여드리고 싶은데 사람이다 보니 이게 잘 안 돼요. 그래서 어떤 때는 '그럼 80점짜리를 열 번 해야 할까?' 하고 생각하지만 그것도 말이 안 돼요. 전부 최고의 컷을 보여줘야 한다고 생각해요. 영화의 경우 한번 오케이 컷이 촬영되면 끝나지만 연극은 마지막 날까지 최고의 컷이 계속되는 거죠. 그런데 일본 영화배우분들도 무대에 서는 일이 자주 있나요?

니시카와 　네. 무대에 섭니다. 양쪽 다 하시는 분도 많이 계십니다. 결코 무대는 안 한다고 정하는 사람이 어쩌면 적을지도 모르겠네요. 다카쿠라 겐高倉健 씨 같은 분은 안 했죠. 정말로 왕년에 영화의 황금기를 살았던 촬영소 출신 배우분들 중에는 무대에 서지 않았던 분도 많을지 모르겠습니다. 하지만 무대에서의 단련은 영화 현장에서 받는 자극이나 트레이닝과는 다른 부분이 많다는 걸 배우로부터 자주 듣습니다. 저는 무대연출은 하지 않습니다만 '무대 경험이 있는 사람의 터프함은 역시 다르구나' 하고 연출을 하며 느끼긴 합니다.

무대라는 것은 한번 막이 열리면 아마도 배우 자신의 자주성이 무척 소중해지는 게 아닐지. 본공연에서는 도중에 "컷!" 해서 일단 세웠다가 "한 번 더. 더 이렇게 해서" 하고 말해주는 사람이 있을 리 없으니까요. 무대를 경험한 배우를 보면 '막이 열려서 내릴 때까지는 어떻게든 하자' 하고 단련되어 있는 기분이 듭니다.

문소리 　책임감도 굉장히 커지고요.

니시카와 　정말로 그렇다고 생각해요.

문소리 　그래서 사실 배우의 정체성, 아이덴티티를 갖는 데 무대라는 곳이 그 시작으로 참 좋은 것 같아요.

니시카와 　그래요. 저도 무대 경험이 있는 배우에게서 그런 것을 느낍니다. 영화 연출이라는 건, 아까 문소리 씨도 말씀하신 것처럼 한 방에 오케이가 아니어도 좋은데 뭐랄까요, 같은 날 테이크를 몇 번이나 되풀이하기는 하지만 그 신을 연기하는 것은 대체로 하루잖아요. 작품의 클라이맥스를 연기하는 것은 하루니까 그날 클라이맥스 신을 매듭지으면 되죠. 절정을 위해 우리들 스태프는 준비를 하고, 배우도 기분이나 컨디션을 조절하며 준비를 하죠. 하지만 무대라는 것은 매일매일, 연습도 맞추고 리허설도 해서 줄곧 같은 감정과 절정을 만들어 되풀이하지 않으면 안 돼요. 그게 배우에게는 어떤 차이가 있을지 늘 흥미를 갖고 있습니다.

문소리   무대에서의 연기에 대해서 주위에서 이런 말을 들었어요. "연기자는 자기 자신을 더 믿지 않으면 안 돼"라고. 영화였다면 열 번 연기해서 한 번 성공하면 된 거죠. 하지만 연극에서는 매일 성공하지 않으면 안 돼요. 배우 자신이 '할 수 있을까?' 하고 망설이는 순간 가능성은 절반 이하로 떨어져버려요.

그리고 제일 중요한 것은 함께 무대에 서는 우리 배우들. 같이 전쟁터에 나가는 전우들이라고 할 수 있죠. 그 사람들을 믿어야 해요. 그래서 연극에서 훨씬 더 끈끈하고 깊은 관계들이 생기는 것 같아요. 그게 받침이 돼야 저도 할 수 있어요. 영화는 모든 배우들과 끈끈하지 않아도 신이나 컷이 나뉘어 있기 때문에 큰 문제가 되지 않아요. 연극의 경우 서로가 모빌처럼 전부 이어져 있죠. 그러니까 문제가 있으면 영향을 받고, 좋은 힘도 받게 됩니다. 무대의 경우 함께 스테이지에 서는 배우와의 무한한 신뢰 관계와 자기 자신에 대한 확고한 믿음이 있어야 매일매일 성공할 수 있겠다 생각해요. 사람에 따라 혼자 일하는 것이 맞는 사람이 있고 같이 일하는 것이 훨씬 잘 맞는 사람이 있는데, 배우는 사람을 느끼고 소통하는 데 정말 특별해야 한다고 생각해요.

니시카와 그렇겠어요.

문소리 글을 쓰는 것은 혼자 하는 일이잖아요. 연출은 굉장히 많은 사람과 같이해야 하고. 그런데 원래 출발이 문학이셨으니 혼자서 펜과 나와의 작업, 그리고 수많은 사람과 소통해야 하는 일을 병행하고 계시잖아요. 어떻게 소설에서 영화라는 작업으로 옮겨 오시게 되었는지, 또 이 두 작업이 본질적으로 무척 다른데 어떻게 병행하고 계시는지 궁금해요.

니시카와 말씀하신 그대로인데, 종류가 다른 일이 아닐까 생각합니다. 역시 쓴다는 것은 자신의 내면과 맞서는 일이에요. 취재도 많이 하고 사람과 사람이 정보를 주고받을 때 생겨나는 관계성도 있습니다만 결국에는 자기 자신과 펜, 종이 또는 컴퓨터로 된 세계라고 생각합니다. 혼자서 하는 싸움이죠. 한편으로 저는 이야기를 만들기 위해서 저 스스로를 고독으로 몰아넣는데, 역시 어딘가 견딜 수 없는 부분이 있어요. 영화를 만들면서 사람과 관계를 맺고, 타자와 같은 방향을 보며 걷는 행위를 몇 년에 한 번씩 하면서 밸런스를 잡는 면이 있네요.

문소리 문학에서 영화로 눈을 돌리신 특별한 계기가 있나요?

니시카와 저는 문학부 출신이어서 학생 시절 초반에는 뭔가 글을 쓰는 자리에 들어갈까 하고 생각했습니다. 하지만 역시 줄곧 영화가 좋아서 학생 시절 끝 무렵부터 고레에다 감독님 밑에서 조감독을 하게 됐어요. 처음에는 스태프의 일원으로서 다들 한배에 올라 학생 문화제처럼 즐겁게 하나의 커다란 것을 만들어갔죠. 하지만 그건 육체노동이기도 해서, 다 함께 영차영차 만들어가다가도 어딘가 내 몸 둘 곳이 느껴지지 않았어요. 내가 아니면 할 수 없는 일이 아니지 않나, 뭔가 잘 안 맞네 싶은 위화감이 완전히 떨어지지 않았어요. 4년 정도 했을 때 이 일을 계속 이어갈 자신을 가질 수 없게 됐죠. 뭘 하고 싶은지 확신은 가질 수 없었지만 역시 '쓰고 싶다'라는 것이 어딘가 밑바탕에 있었습니다. '영화'와 '쓴다'라는 행동을 어떻게 이을까 하던 참에, 시나리오를 쓰는 선택지로 갔던 게 계기였습니다.

문소리 저도 어렸을 때 학교에서 장래 희망을 쓰면, 늘 작가나 소설가를 썼거든요. 어려서는 오히려 영상보다는 책만 들여다보고 지냈고. 사실 사범대도 부모님이 가라고 해서 갔는데요, 제가 그걸 받아들인 가장 큰 이유는 선생님이라는 직업이 작가와 겸할 수 있는 직업이기 때문이었어요. 그래서 제가 알겠다고, 사범대에 가겠다고 했거든요. 그런데 살다 보니까 저랑 맞는 직업이 아닌 것 같더라고요. 갑자기 무대를 보는 순간 제가 정신을 못 차려가지고.

니시카와 왜 배우가 되셨어요?

문소리　생각해보면, 제가 고등학교 때까지는 거의 안 움직이고 살았어요. 학교 가서 앉아 있고, 집에 오면 또 앉아 있고, 움직이지를 않았어요. 어디를 다니지도 않았고. 공부하라 그러면 책상 앞, 독서실에 앉아 있고. 그러다가 대학을 가니까 계속 이렇게 살 수는 없다는 생각이 너무 많이 들었어요. 무엇인가 제 안에 에너지는 있었나 봐요. 그걸 계속 억누르다가 '잠깐이라도, 20대 청춘이니까 이때만이라도 에너지를 쏟아내자. 공격적이고 과격하더라도 표현할 수 있는 것을 잠깐이라도 해보자. 그러지 않으면 평생 후회하고 평생 또 이렇게 살 텐데', 그때는 그런 생각을 했던 것 같아요. 해봤던 것 중에서는 연극 또 무대에 서는 배우가 가장 솔직하면서도 땀을 흘리고, 가장 공격적인 일로 느껴졌어요. 그래서 연기자가 된 거예요. 설마 이런 식으로 계속 영화 일을 할 거라고는 상상 못했네요.

니시카와　'얌전한 30대는커녕'이네요. 정말로.(웃음)

문소리　그러게요. 열아홉 살까지는 거의 움직임 없는 인생이었는데 해보니 천직이구나 싶더라고요. 실제로 연극을 해보니 몸이 굉장히 잘 움직였어요. 내게 이런 능력이 있는 줄은 몰랐어요. 이렇게 즐거운데 어째서 내내 앉아만 있었을까 하고 이상해할 정도였어요. 저 자신을 정말로 알아가는 시기였던 것 같아요. 그런데 영화를 시작하고 보니까 처음에는 전혀 솔직한 작업이 아닌 것 같고, 공격적인 일이 아닌 것 같고, 인터뷰도 많이 해야 하고, 사람들 앞에도 많이 서야 하더라고요. 이런 세계를 원한 것이 아니었는데, 이런 직장을 원한 것이 아니었는데, 이런 쇼 비즈니스를 원한 것이 아니었는데. 여기는 너무 다 가짜 같고, 전부 꾸며야 되는 것 같고, 누구도 솔직하게 이야기하지 않는 것 같았어요. 초반에는 그런 것들 때문에 '영화를 하는 게 맞어?' 하고 혼란스러웠던 것 같아요.

니시카와 저도 완전히 동감이네요. 물론 노출되는 방식은 여배우와는 전혀 다릅니다만. 역시 감독이라는 것은 단순히 이야기를 만들고 각본을 쓰고 스태프를 움직이고 배우를 연출해서 좋은 것이 만들어지면 끝, 이런 직업인 줄 알았어요. 크리에이터라고 생각하고 있었습니다. 하지만 그렇지 않았죠. 영화를 만들기 위해서는 몇 천만, 몇 억 엔이라는 돈이 들고, 그것을 회수하려면 나 자신도 홍보 활동의 일환으로서 협력할 의무가 있다는 걸 저도 영화감독이 되고서 처음 알았습니다. 지금 말씀하신 것처럼 사람들 앞에도 나서지 않으면 안 된다, 사람들 앞에 서면 그 나름으로 처신하지 않으면 안 된다, 영화라는 건 여러 사람의 꿈을 짊어진 문화라 전부 통솔해서 이 영화의 주제의 정당성을 가슴을 펴고 응대하지 않으면 안 된다 했지요. 영화감독의 일이라는 것을 깨달았을 때는 큰일이구나 싶었어요. 저도 30대에 망설이며 몸을 뒤로 빼고 있었습니다.

문소리 저도 작품을 만들 때까지는 좋은데, 그 후의 홍보, 배급까지 가면 정말로 영화를 그만두고 싶을 정도예요. (웃음) 그래도 어느 순간 이런 식으로 생각했어요. 연탄을 나르는 직업이면 손이 시커메질 수밖에 없잖아요. 그럼 집에 돌아가서 손을 씻으면 돼. 우산 장수라면 비에 젖을 수밖에 없어요. 그럼 집에 돌아가 말리면 돼. 이런 기분으로 일에 임하게 되었어요. 지금은 점점 기술이 늘고 있어요. 어떤 기술인가 하면, 거짓말은 않지만 진실도 말하지 않는 기술이죠.(웃음) 그러면서 나를 잃지 않는 고도의 기술이 늘고 있어요.

니시카와　그건 왠지 저도 알겠어요.

문소리　두 시간이 지나니까 비밀이 막 나오기 시작하네요. 이러다가 한 시간만 더 지나면 고레에다 감독님이나 이창동 감독님 뒷이야기 시작하겠어요.(웃음)

니시카와　금방이라도 얼마든지 나올 것 같아요.(웃음)

사회자　매우 흥미진진하지만 이제 공항에 가셔야 할 시간이라 서서히 정리를 해야겠어요.

문소리　감독님, 비행기를 내일로…….

니시카와　내일이면 좋았을걸.(웃음)

문소리　저는 오늘 밤샐 수도 있어요. 다음번에 만나면 우리 아무 얘기나 해도 되는 거죠? 제가 관심 있는 일본 문학에 대해, 그리고 감독님이 좋아하는 작가에 대해서도 물어보고 싶어요. 옛날 일본 영화 중에서 제가 아주 좋아하는 감독이 몇 사람 있어요.

니시카와   알겠습니다. 그럼 빈틈없이 준비를.

문소리   이제 겨우 시작된 것 같은데.

니시카와   그러게요. 정말이네요.

문소리   아직, 감독님이 왜 감독이 됐는지도 더 들어야 하고.

니시카와   시나리오를 쓴다고 하는 곳까지 말했죠.(웃음) 〈자유의 언덕〉이라는 영화에서는 영어로 연기를 하셨는데, 모국어 이외의 말로 연기하는 것은 어떤 느낌인지, 외국인을 연기하는 게 어떤 느낌이었는지도 듣고 싶어요.

문소리   그 이야기, 카세 료 씨랑 많이 했었죠. 다음번에 더 이야기 나누면 좋겠어요. 제가 한국 술을 가져다 드릴게요.

니시카와   감사합니다.

문소리   그럼 정말 아쉽지만 다음번에.

니시카와   이야기하는 게 굉장히 재미있을뿐더러 배우, 감독이라는 벽이

카세 료와 문소리가 함께 출연한 〈자유의 언덕〉.

느껴지지 않고, '여배우니까 그건 물으면 안 될까? 이것도 물으면 안 될까?' 하는 염려 없이 정말로 필름 메이커로서 소통이 가능하구나 하는 것을 문소리 씨에게서 느꼈습니다. 평소 일본의 여배우에게서 좀처럼 들을 수 없는 걸 많이 들려주셔서 무척 공부가 됐고 자극이 됐습니다.

문소리   기회가 있다면 제가 가르치는 대학에도 와주세요. 영화 전문 대학원이라서 각본이나 연출, 제작, 연기 등의 클래스가 있는데요, 감독님이 오신다면 각본이나 연출을 배우는 학생을 비롯해서 많은 사람이 관심을 가질 거예요. 기회가 되면 학교에서 그런 자리를 만들어보면 어떨까 싶어요. 1년 정도 시간을 두고 천천히 생각해주시면 좋겠습니다.

니시카와   네. 꼭 그러겠습니다. 감사합니다.

문소리   감사합니다.

서울에서 만난 지 10개월 뒤 문소리와 니시카와
미와가 도쿄에서 다시 만났다. 문소리가 처음
메가폰을 잡은 작품으로 나중에 〈여배우는 오늘도〉
라는 장편으로 묶어 개봉한 세 편의 단편영화를
함께 관람하고 이야기 나누는 자리.
차분하고 긴장된 마음으로 곁에서 영화를 함께
본 두 사람, 하지만 어느새 대화는 살가워지고……

사람 나름의 접근법

인생의 실감을 남김없이 드러내기
후회까지도

니시카와　작년 한국 서울에서 대담했을 때, 문소리 씨가 대학에 다녀서
그 커리큘럼의 일환으로 단편영화를 세 편 감독하셨다는 이야
기를 들었습니다. 제대로 일본어 자막이 달린 걸 본 것은 저도
오늘이 처음입니다. 좀 기분이 그렇네요.(웃음) 영화감독이 본업
인 사람으로서, 배우분이 이런 날카로운 작품을 찍으시면 살짝
부끄러워진다고 할까요. 단편이지만 시간을 능숙하게 써서, 게
다가 자신을 주인공으로 하면서 미묘하고도 객관적으로 여배우
와 영화계를 그린 경우는 드물다고 생각합니다. 밸런스가 좋고,
코미컬한 면도 있는 작품이네요.

문소리　아…… 좀 부끄럽네요. 영화 세 편을 보여드리고 이야기를 시작
하려니까.(웃음) 대학원에서 영화 세 편을 찍는 게 졸업 조건이

었거든요. 그래서 만들었는데, 제가 영화 일을 10여 년 했지만 영화를 만든다면 무슨 이야기를 만들까 많은 고민을 했어요. 제가 영화 공부를 시작한 게 감독이 되어야겠다는 목적을 가지고 시작한 것이 아니고, 영화에 대해서 더 알아가고 또 연기자이기도 하니까 영화를 통해서 스스로를 되돌아보는 시간도 갖자, 이런 목표가 있었기 때문이에요. '그럼 내 얘기로 시작을 해보자' 했지요. 많은 창작자들이 처음에 자기 이야기로 시작을 많이 하잖아요. 거기서 출발해 만들다 보니 제 이야기로 세 편을 만들었습니다.

아까 감독님이 밸런스 얘기를 하셨는데, 그게 제일 어려웠습니다. 각본가이자 감독이자 배우. 또 극 중의 문소리, 실제 문소리, 게다가 여배우 문소리. 이들 전부의 밸런스를 유지하고 정확하게 객관적으로 보면서 작품으로서 어떻게 재미를 끌어낼까 고민이 많았어요. 사람들 앞에서 보이는 문소리와 실제 현실의 문소리는 다르잖아요. 그 밸런스를 어떻게 잡으면 좋을지, 제 모든 인간관계에서도 그 밸런스를 지키는 것이 어렵다고 느껴요.

진짜 제가 만들고 보니까 아무리 배우라는 직업이 힘들더라도, 힘들 때 많거든요, 추운 날 강에도 들어가야 되고, 뭐 몸을 비틀어야 할 때도 있고, 못하는 핸드볼을 3개월간 연습해야 할 때도 있고⋯⋯ 몸이 극한으로 힘들 때가 있지만, 암만 힘들어도 그 작품을 연출하는 감독보다 힘들 수는 없다, 이런 생각이 들었고, 정말 연출하시는 감독님에 대한 존경, 이해, 이런 것이 더 깊어졌던 것 같습니다.

니시카와 존경받는 감독으로 있고 싶네요.(웃음)

문소리 이미 많은 존경을 받고 계신다고 들었는걸요.

니시카와 그렇지는 않아요.(웃음) 저도 '여배우라는 건 이런 거겠지' 하는 막연한 이미지는 있습니다. 그렇지만 실제로 저같이 감독의 입장에서 같이 일을 해도 여배우의 진짜 실체라든지 생활감을 거의 느낄 수 없는 거예요. 〈여배우는 오늘도〉를 보니, 출연 제의가 끊기거나 하고 싶었던 역을 받지 못하거나 할 때의 모습은 절반은 알면서도 절반은 전혀 모르는 부분이었어요. 이 세 편을 보면서 처음으로 배우라는 생물에 대해서 '아, 역시 그들도 사람이구나' 했어요.(웃음) 이거 배우들이 보면 "맞아맞아" 할 곳이 굉장히 많지 않을까 생각했습니다.
'여배우는 이럴 것이다' 하는 모습을 문소리 씨가 실명을 써서 제대로 연기하는 부분이 훌륭하다고 생각했어요. 누구누구 씨라는 가공의 여배우를 문소리 씨가 연기했다면 훅 하고 제대로 납득이 가지 않았겠죠. 이 영화에서는 문소리라는 캐릭터를 정말로 절묘하게 희화화하고 있어서, 만드는 이의 냉정함도 대단히 무섭다고 생각했어요. 이 시리즈를 이어가주시면 좋겠네요.(웃음)

문소리 모르겠어요. 진짜 다른 여배우들이 어떻게 사는지 사실 저는 잘 몰라요. 그런데 저 자신을 돌아보면 제가 스물여섯 살에 데뷔했거든요. 다른 여배우들보다 조금 늦게 데뷔한 편이에요. 그런데

문소리의 첫 감독작 〈여배우는 오늘도〉.

데뷔하고 나서 나는 어떤 배우인가 생각을 해보니까 제가 스물여섯 살까지 굉장히 평범하게 살았어요. 영화배우를 하려는 생각도 없었고, 그냥 대학 생활 열심히 하고 연극을 좀 좋아하는 평범한 학생이었어요. 그런데 연기를 시작하고 보니까 제가 평범하게 살았던 시간들이 저한테는 굉장히 저의 개성이고 저의 힘이라는 생각이 들었어요. 그래서 저는, 지금도 굉장히 큰 파티에 갈 때도 있고 큰 행사에 뭐 드레스를 질질 끌고 갈 때도 있지만, 제가 평범하게 산 일상을 놓치지 말아야 한다고 생각하고, 그것이 제가 연기를 앞으로 하는 데에도 굉장히 탄탄한 베이스가 될 거라고 생각하거든요. 그 평범한 일상이 저를 힘들게 할 때도 있지만 그것들이 내 큰 재산일 수도 있다, 늘 그렇게 생각해요. 나의 평범한 일상이 내 연기를 비범하게 만들 수 있다고 생각을 하니까 '그래, 나는 이런 여배우임을 밝히는 것을 두려워 말자' 그랬던 것 같아요. 감독님께서 용감하다고 말씀을 하셨지만, 저도 영화를 만들고 보니 감독이라는 사람은 진짜 용감하고 뻔뻔한 사람이구나 하는 생각이 많이 들었어요. 결국 배우는…… 감독의 세계 안에서 그것을 표현해내려고 노력하는 사람이고 몸과 얼굴이 화면에 비쳐서 윤곽이 드러나 보일지는 모르지만, 감독이라는 사람은 정말 자기 속 깊은 곳을 작품에 담잖아요. 그게 굉장히 쉽지 않은 일인 것 같아요. 결국 자기 속을 들키는 일이니까요, 만들기라는 일이. 그래서 감독들이 정말로 어떤 각오로 영화를 만드는지 알게 됐어요. '굉장히 용감한 사람들이고 알고 보면 굉장히 뻔뻔한 사람들이다. 굉장히 부끄러워할 수도 있는데' 이런 생각을 많이 했어요. 감독님 영화 〈아주 긴 변명〉도, 남자가 주인공이지만 저는 감독님 내면이 굉장히 많이 투영됐을 거라는 생각이 들어요. 소설을 내놓거나 이렇게 영화를 내놓을 때마다 그…… 자기의 깊은 생각과 내면을 드러내는 것에 대한 두려움이 있지 않을까 하는 생각도 들고요.

니시카와 굉장히 주저하는 건 있네요. 창피한 직업이라고 생각합니다. 남들에게 동경받는 직업의 하나라는 것도 알고 있지만, 가족에게는 이런 직업을 골라서 죄송하다고 생각해요. 그렇지만 고유하게 이야기를 만들어가거나 할 때는 역시 자신의 내면을 제대로 펼

문소리 × 니시카와 미와

쳐놓지 않으면 사람들의 마음속에서 뿌리 깊이 울리는 작품은 만들 수 없지 않나 싶어요. 왜냐하면 소설에서도 영화에서도, 만든 이가 제대로 자신의 부끄러움을 찾았던 것에 '이건 내 이야기 같다' 하고 저 자신도 공감해왔기 때문입니다.

다만, 역시 창피하거든요. 그러니까 남성 주인공으로 글을 쓰는 것도, 부끄러움에 오블라투oblato. 녹말로 만든 얇은 막를 씌우는 수단의 하나인 겁니다. 이걸 여성을 주인공으로 해서, 여성 영화감독이라는 설정으로 〈아주 긴 변명〉을 써봤더니 조금 더 좋은 사람으로 쓰고 있었던 거예요.(웃음) 나 자신의 경험과 고백이라는 식으로 보인다면 역시 저 자신도 두려운 부분이 있어요. 거기에 브레이크를 걸지 않으려고 남성이라는 가면을 쓰고, 소설가로 살짝 한번 비틀어 자신으로부터 멀어진 덕에, 주인공의 마이너스적인 부분도, 혹은 사람으로서 상냥한 부분도 마음껏 쑥스러워하지 않고 그럴 수 있지 않았나 생각합니다.

감독이 용감한 직업, 용감하지 않으면 할 수 없는 직업이라는 것은 잘 알고 있지만, 그걸 도와주는 건 배우라는 존재예요. 제가 연기하는 게 아닙니다. 배우가 작품의 얼굴이 되고 때로는 벌거숭이가 되기도 해가며 그 배역을 저 대신 짊어져주는 데서 깊은 공범 관계가 맺어진다고 생각합니다.

문소리 씨의 작품 중에서 무척 신선했던 것이 세 번째인 〈최고의 감독〉입니다. 주인공이 세상을 떠난 영화감독의 14년 전 작품에 납득이 가지 않은 상태라는 설정이었는데, 납득이 가지 않던 작품에 대해 배우가 어떠한 감정을 품고 있는가 하는 것을 저렇게 섬세하게 표현한 작품은 없다고 생각하거든요. 한 작품 한 작품 배우들이 정말 감독이라는 사람을 믿고서 여러 가지를 깎아내고 여러 가지를 잃어가며 정성을 다 바쳤는데 그 작품이 진심으로 좋다고 생각하는 작품이 되지 못한 서글픔, 그리고 감독 자신에 대한 집착. 그런 굴곡진 마음이 그려져 있었습니다. 저에게는, 과거에 여러 작업을 한 배우들이 저를 어떻게 생각하고 있을지를 새롭게 응시하게 만드는 무거운 작품이었네요.(웃음)

문소리   제목은 '최고의 감독'이었는데 감독들이 그 영화를 보고는 "어, 최고의 감독이 아니면 우리를 나중에 저런 무덤에 묻어버리겠다는 얘기인가?"라며 무서운 얘기라고 하시는 분들도 있었어요.(웃음) "마지막에 저 무덤들이 다 감독들 무덤이야?"(웃음) 저도 여러 작품을 해왔지만 제가 너무 좋아하는 작품도 있고, 늘 마음이 아프고 생각하면 늘 화가 나는 작품도 있었어요. 그런데 왜 화가 나고 마음이 아플까 생각해보면 사실은 제 욕심 때문이었던 것 같아요. 제 욕망 때문에 결국……. 그 감독의 세계관, 그 감독이 만든 작품에 당시에는 동의 못해도 나중에 보면 제가 차마 이해 못했던 걸 수도 있고, 제가 끝까지 동의 못하더라도 또 다른 세계가 있을 수 있는데 그때는 왜 그렇게 펄쩍 펄쩍 뛰면서 분노했던가…… 하는 제 반성이 조금 담겨 있고요. 음, 감독은…… 좋은 감독은, 그리고 예술가는 그 사람의 인정, 평가로 만들어지는 게 아닐 수도 있다, 자신만이 가지고 추구하는 아름다움이 있고 그걸 표현해내야만 하는 삶을 사는 사람이라면 창작자고 예술가다, 이런 생각을 했어요. 아름다움에는 성말 여러 가지가 있잖아요. 기타노 다케시 감독님이 그리는 아름다움과 이와이 슌지 감독님이 그리는 아름다움, 니시카와 미와 감독님이 그리는 아름다움이, 추구하는 아름다움이 다 다른 거고, 내가 그 사람의 아름다움을 인정하지 못하더라도 그 사람은 어떤 아름다움을 평생 추구하고 있었던 거예요. 그 삶을 내가 그 한 작품으로 평가절하할 수는 없다, 이런 생각이 참…… 그 작품을 만들 때 많이 들었어요.

니시카와 거기까지 도달하셨네요. (웃음)

문소리 저는 〈아주 긴 변명〉을 한국에서 보고 왔는데요, 감독님의 지금까지의 작품들보다 아름답게 빛나는 신이 많다고 느꼈어요. 화면의 연출, 밝기, 자연. 감독님께서 이번에 더 신경을 쓰신 건지. 아니면 촬영감독이 바뀌었나요? 니시카와 감독님은 원래 문장을 쓰는 분이라서 스토리의 힘이 강하다고 전부터 느끼고 있었는데 영상 면에서도 파워풀한 것을 보여주시는구나 했어요. 뭔가 변화가 있었던 걸까요.

니시카와 그렇게 봐주시니 '이번에는 먼저 소설을 쓴 게 영향이 있나?' 하는 생각이 드네요. 이야기는 시나리오가 제로일 때부터 제가 만드니까 다르지 않습니다만, 말의 세계에서 할 수 있는 것을 제대로 시간을 들여서 해봤습니다. 즉, 그림이 안 되는 것, 눈에 보이지 않는 것, 귀에 들리지 않는 표현을 남겨두지 않고 제대로 표현해서 소설을 쓴 겁니다. 그것을 영화로 만들 때, 말의 세계에서 할 수 없는 것은 무엇인가를 재차 생각했습니다. 대사도 없고 말로 표현할 수도 없는 아름다움을 어떻게 찍을 것인가. 생생하게 살아 있는 아이들의 성장과 그들의 목소리, 표정을 얼마만큼 찍을 수 있을까 하는 걸 염두에 두고 시나리오 집필에 관여했어요. 또 촬영 시간의 문제도 있었습니다. 전작인 〈꿈팔이 부부 사기단〉의 설정 기간은 1년 정도인데, 대체로 일본 영화는 긴 기간의 이야기라도 한 달 반이나 두 달 만에 찍어버리거든요. 겨울 촬영이면 반팔을 입고 강한 라이트를 켜서 배우에게 무리를 시키죠. 하지만 그걸로 할 수 있는 한계를 느끼고 있었거든요. 〈아주 긴 변명〉의 모티프는 눈에 띄게 자라는 아이들입니다. 그것을 역시 한 달 반 만에 갑자기 교복을 입혀봐야 안 되겠지 싶었어요.(웃음) 돈은 조금 들지만 소수 인원 체제로 할 테니 사계절을 좇아 찍기로 했어요. 도쿄 주변의 이야기니까 자연이 썩 풍부하지는 않지만, 소소한 변화를 제대로 찍고 싶다고 생각했습니다. 소설에는 여름 바다 신이 없었습니다만, 아이들이 여름 바닷가에서 노는 모습은 영상 쪽이 두드러져 보인다고 생각했기 때문에 굳이 소설에는 쓰지 않고 영화에 남겨두거나 했습니다.

촬영한 사람은 고레에다 감독님 작품을 많이 찍고 있는 야마자키 유타카山崎裕 씨입니다. 〈아무도 모른다〉라든지 〈걸어도 걸어도〉를 찍은. 지금 76세. 〈아주 긴 변명〉에 출연한 사람 중에서 제일 어린 게 다섯 살 여자아이였거든요. 촬영 당시 아래는 다섯 살, 위는 일흔다섯 살. 두 사람 다 말을 듣지 않았죠.(웃음) 정말로 힘든 촬영이었습니다.

문소리　위로 아래로 모시느라 힘드셨겠네요.(웃음) 영화에 나오는 아카

리짱의 힘과 귀여움은 정말 아무리 훌륭한 작가여도 글로 표현 못할 것 같아요. 그건 영상으로 봐야 느낄 수 있을 것 같아요.

니시카와 정말 생각대로 되지 않아요, 어린아이란. 제게는 그게 이번에 제일 커다란 경험이었습니다.(웃음) 이제까지는 기술 높은 능숙한 배우들이 제가 쓴 시나리오를 정확하게 연기해주셔서 농땡이를 쳐왔기 때문에요. 아이란 정말로 말하는 걸 듣지 않거든요.(웃음) 좀 전까지 할 마음이었다가도 오빠가 먼저 돌아가 버렸다고 칭얼거리기 시작하죠. 다만 생각대로 되지 않는 사람들이 내놓는 것이라는 게, 면밀히 설계한 시나리오를 100점짜리 연기로, 어른 배우가 하는 이상으로 장외 홈런을 치는 일도 있는 거예요. 그만큼 터무니없는 수의 삼진을 견뎌내지 않으면 안 되지만.(웃음) 그래도 '아이의 연기는 이런 파괴력이 있구나' 하고 생각했습니다.

문소리 이전에 고레에다 감독님과 함께 일을 하셨잖아요. 그래서 고레에다 감독님한테서 아이들로부터 연기를 끌어내는 노하우를 듣고 그걸 활용하신 건가 하고 생각했어요. 아이들 연기가 정말로 좋아서요.

니시카와 확실히 고레에다 감독님은 아이 연출이 훌륭해요. 저는 고레에다 감독님이 어린아이 연출을 하신 작품의 조감독으로는 일해보지 않아서 감독님께 비결을 물었어요. "거의 연기 경험이 없는 아이를 캐스팅하고, 시나리오는 사전에 일절 보여주지 않아.

촬영 당일에 귓가에서 말해야 할 것을 속닥속닥 속삭여서 현장에서 만들어가지" 하시던걸요. 어린아이란 학습 능력이 높다는 것이 좋기도 나쁘기도 해서, 한번 버릇으로 굳어버리면 어른 배우처럼 바로잡을 수가 없는 겁니다. 그러니까 진지한 자세의 아역일수록 집에서 연습을 너무 하는 바람에, 엄마에게 연출을 받아서요, 오디션 때는 굉장히 생기가 넘쳤다가 현장에 오면 딱딱하게 굳어버리는 경우도…….

문소리 한국도 그래요.(웃음)

니시카와 저도 그 방식으로 가면 확실히 〈아무도 모른다〉 같은 작품을 찍을 수 있을까 생각해서 해봤지만 전혀 안 돼요.(웃음) 아이마다 역시 개성이 다르다는 걸 알게 됐습니다. 아무 준비도 없이 임기응변이 가능한 아이가 있는가 하면 그날 할 것을 알고 있어야 불안 없이 자유로워지는 아이도 있죠. 아마 어른 배우도 그럴 거라고 생각해요. 그 사람 나름의 접근법이 있고, 제대로 관찰해서 맞춰주는 게 중요한 거구나 하고 작업하는 중에 배웠습니다.

문소리 감독들도 작품을 할 때마다 다른 배우를 상대하지 않으면 안되고, 개성이 다른 여러 배우와 소통하지 않으면 안 되잖아요. 또 배우들이 오죽 이상한 사람이 많나요. 그런데 역으로 생각해보면 배우들도 그래요. 배우도 새로운 작품에 들어갈 때마다 감독 스타일을 생각합니다. 감독도 이상한 분들이 무척 많거든요.(웃음) 그래서 아, 이 감독이랑은 어떻게 소통해야 하나, 이 사람은 또 어떤 식으로 접근해야 하나, 이게 가장 큰 숙제인 것 같아요. 저도 작품을 접할 때마다 그래요. 그 소통이 잘될수록 관객과 잘 소통할 확률이 높아지는 것 같아요.

그 제목이 재밌었어요. '아주 긴 변명.' 변명이 길다는 건 자기가 잘못을 많이 했다는 거잖아요.(웃음) 처음에는 모르고 영화를 봤는데 남자가 좀 나쁘더라고요. '저, 저런 나쁜 놈, 벌 받아야겠는데' 생각했는데, 보다 보니까 제 안에도 그 사람이 있다는 생각이 들었어요. 그래서 저는 잘못도 안 했는데 스스로 죄책감이 드는. 사람 마음 안에는 그런 맘이 늘 있으니까요. 그런 부분이 굉장히 좋았고, 꿋꿋하게 감독님 색깔로 뭔가 만들어가는 모습이 굉장히 응원하고 싶었어요. 다음에도 소설을 먼저 쓰고 영화를 만드실 계획인가요? 다음번 작업도 궁금합니다.

니시카와 마흔 살이 되기 전부터 〈아주 긴 변명〉을 쓰기 시작해서 40년 가까이 살아온 내 인생의 실감 같은 것을 남김없이 꺼낸 작품입니다. 부끄러움이라거나 자기 안의 후회 같은 것도 전부 같이 엮어서 만들었습니다. 사소설적인 작품의 요소가 있다고 생각합니다. 그러니까 다음 작품에서는 별로 비슷한 걸 계속하지 않는 편이 좋겠어요.

영화를 만드는 프로세스도 여러 방법으로 더듬어보고 싶습니다. 다음에는 제게 가까운 것이 아니라 모르는 세계의 일을 또 이렇게 저렇게 취재해서 문장으로 정리할지 모릅니다. 새로운 영화도 만들어가면서, 생활인으로서 평범한 인생도 곁에서 진행해가면서. '시간이 흐르면 또 나와 가까운 캐릭터, 정신성을 투영한 작품을 만들려나?' 하는 생각도 듭니다.

문소리   잘 모르는 한국으로 취재를 오세요. 저도 함께 일 좀 할 수 있는 기회가 있으면 좋을 것 같아서요.(웃음)

니시카와   그러게요. 문소리 씨, 멋진 여배우 아니신가요. 언제나 신작을 찍을 때 여성 캐릭터가 있으면 맨 먼저 떠오르거든요. 그런데도 그런 기회가 좀처럼 없고 말이죠.(웃음) 한국과 일본은 가까운 부분도 있고 다른 부분도 있네요. 이만큼 가까운데 말이 전혀 다르죠. 언어 장벽은, 저도 말을 다루는 만큼, 무척 신경질적인 부분이기도 하다고 느낍니다. 그렇지만 그걸 잘 사용해서 언젠가 뭔가 새로운 것이 만들어지면 재미있을 거라고 생각해요.

문소리   작년에 박찬욱 감독님의 〈아가씨〉라는 영화에 작은 역할로 출연했는데, 거기서 역할이 일본 귀족이었어요. 그 귀족이 책을 낭송하는 장면이 있어서 일본 말로 연기를 했거든요. 정말정말 어려웠어요. 그 영화의 다른 역할들은 일본 말을 잘하는 한국 사람이거나, 일본에서 태어났지만 일찍이 한국에 와서 한국말을 잘하거나 이래서 일본 말을 그렇게 잘하지 않아도 괜찮았죠. 근데 저는 일본 귀족인 거예요.(웃음) 역할 중 나쁜 사람이 일본 사람이 되고 싶어서 저랑 결혼을 한 거예요. 그래서 저는 일본 말을 영화에서 제일 잘해야 되는 거예요. 너무 당혹스러워서 박찬욱 감독님한테 "아니, 일본 여자를 캐스팅해야지 왜 저를 캐스팅하셨어요? 잠깐 나오는데 왜 그러세요, 저한테?" 했더니 "아니,

그냥 같이 일해보면 좋을 거 같아서……. 못하겠어?" 그러시길 래 "아니, 누가 못하겠대요? 해볼게요" 했는데 또 책을 낭송해야 되는 거예요. 옛날 책이에요. 내용도 굉장히 외설적인. 영어로도 연기는 해봤지만 그건 제 수준에서 하는 영어였는데, 이거는 제 수준을 뛰어넘은 일본어 연기더라고요. 아, 일본 말이 그렇게 어 려울 거라고는 생각 안 해봤는데, 미묘한 차이들이 너무 어려워 서 한 세 달 동안 진짜 고생을 했어요. 기모노를 계속 입었는데, 하루 종일 촬영하면 나중에는 호흡곤란이 오고, 배고픈지도 모 르겠고, 밥도 안 들어가고, 그래서 나중에 "컷" 하면 제일 먼저 "풀어주세요!" 이래요. 그래서 풀어주면 숨만 쉬고…… 네, 그랬 던 기억이 있어요. 한복을 한번 입어봐 주세요. 숨도 잘 쉬어지 고 밥도 배불리 먹을 수 있답니다.(웃음)

니시카와 그렇구나.(웃음) 기회가 있으면 입어보고 싶어요.

문소리 우리가 영화를 하니까 영화 얘기를 많이 하지만, 사실 소설 쓰 시잖아요. 그래서 저는 한국 소설도 가끔 보시는지, 그리고 어 떤 소설을 또 좋아하시는지 여쭤보고 싶어요. 저는 개인적으로 일본 문학, 또 옛날 일본 영화를 찾아서 즐긴 적도 있고 그래요. 나루세 미키오 감독이나 오즈 야스지로 감독 같은 옛날 영화감 독, 작가로는 오에 겐자부로나 가와바타 야스나리, 다자이 오사 무, 요시모토 바나나를 아주 좋아합니다. 어렸을 때 그런 책들 을 많이 보고 영향을 받은 기억들이 있어요. 일본 문학은 한국 사람들에게 많이 친숙하죠. 오쿠다 히데오, 미야베 미유키 소설

영화 〈아가씨〉의 한 장면.

은 많이 영화화돼 있죠. 지금은 한국 드라마나 케이팝이 일본이
나 아시아에 많이 영향력을 행사하고 있지만, 그 이전에는 일본
에서 문화적 영향을 많이 받았거든요. 그래서 좀 빚진 마음도
있고 그렇죠. 소설을 쓰시니까 한국 작가들 작품 중에서 혹시
좋아하시는 게 있는지 궁금하고, 한국 작가들의 작품을 일본
대중들이 가끔 보는지, 그게 어떤 책인지도 궁금하네요.

니시카와   제가 한국 문화를 제대로 접하기 시작한 건 꽤 늦은 편인데, 아
마 90년대 끝 무렵부터였다고 생각합니다. 가까운 나라인데 거
의 알지 못하고 지내왔구나 하고 생각했어요. 90년대 끝 무렵부
터 영화로는 이창동 감독이나 박찬욱 감독, 김기덕 감독, 봉준호

문소리 x 니시카와 미와

감독의 작품을 보게 됐죠. 베리에이션도 개성도 풍부하고, '파워풀한 걸 만드네' 하고 느끼기도. '우리가 만드는 것과는 맛도 다르고 재미있네' 하면서 한국 문화를 접하기 시작한 것 같습니다. 역시 영화의 멋진 부분이라면 시각적으로 여러 가지가 정보화되어 있다는 건데, 살아가는 모습이라든가 어떤 것을 먹는다든가, 밖은 저렇게 추워 보이는데 집 안을 맨발로 걸어 다닌다든가.(웃음) 그런 것도 영화를 통해 알았어요.

저기, 솔직히 말씀드리면 한국 소설은 거의 접한 적이 없었습니다. 최근 들어 아는 분께 권유를 받아서 한국 분이 쓰신 소설을 몇 작품 읽기 시작한 참입니다. 처음 읽은 계기는 이창동 감독님이 소설가라고 하는 것이 컸네요. 일본에 번역되어 있는 건 아주 조금인 것 같은데, 정말로 짧은 단편을 읽으면 문법이 가깝기 때문인지 표현이 무척 납득이 잘 돼요. 영상적이지도 않고 스토리적이지도 않고, 인간의 내면을 그린다는 의미에서 일본 문학과 무척 가까운 데가 있어서 감동했던 기억이 있습니다. 최근에는 한강 씨가 쓰신 『채식주의자』라는 작품을 추천받아서 읽었습니다. 무척 재미있었고, 영화로 만들어도 좋겠다고 생각했습니다. 영화의 세계에서 한국 영화가 보이는 그 스케일감과는 다른 내성적인 세계라는 게 한국문학 속에는 제대로 존재해서 일본인도 읽기 쉽습니다. 이제부터 조금씩이지만 저도 한국 소설을 접할 수 있으면 좋겠습니다.

문소리 생각보다 한국은 일본 연극이 번안되어 상연되는 일도 많고, 일본 소설도 한국에서 무척 인기가 있어요. 일본 영화도 많이들 보고 있어요. 예를 들면 고레에다 히로카즈 감독님은 한국에서 사인회를 했더니 대성황을 이룰 정도로 팬층이 두텁습니다. 그처럼 일본 문화로부터 커다란 영향을 받고, 감탄하는 반응도 높습니다. 한류라고는 하지만 한국의 여러 문화를 일본 대중이 많이 접하지는 못하고 있는 것 같아요. 한국의 훌륭한 작가와 소설이 일본에 많이 소개되면 좋겠어요. 저는 연극도 하니까, 일본에서 공연할 수 있는 기회가 있었으면 하는 생각도 드네요.

니시카와 우선은 문소리 씨가 여배우에 대한 이 영화를 시리즈로 만드셔서 더욱더 일본에 수출해주세요.(웃음)

문소리 연출을 해보니까요, 너무 고생스러워서 팍팍 늙어요.(웃음) 연출을 하면서 배우를 할 수 있을지. 근데 감독님은 볼 때마다 안 늙으세요. 그렇게 좋은 작품을 만들고 나서도 하나도 안 늙으신 거예요, 너무 신기하게. 오랜만에 또 봬도요.(웃음) 저는 정말 저 짧은 작품을 만들고서도 나이 드는 게 느껴져서 연출 그만해야 될까 싶었는데, 감독님은 저 만나자마자 자꾸 연출해야 된다고 하시니······.(웃음)

니시카와 여러분도 계속 찍는 편이 좋다고 생각들 하시죠?(현장 박수) 일본에도 한 편 찍고 세 살 늙는다는 이야기가 있습니다만. 저도 문소리 씨와 같은 나이예요. 같은 7월생입니다. 나름대로 부쩍 늙어가면서 일하고 있어요.(웃음) 하지만 뭐, 나이도 아군으로 두면서 연기하고 계신 문소리 씨잖아요. 이런 말이 저런 시나리

오에 또 투영되겠네요.(웃음)

(웃음)

역시 이만큼의 객관성과 유머 센스를 갖고 계신 작가는 무척 드물죠. 그 사람이 아니면 그릴 수 없는 세계가 있다는 것은 강점이라고 생각해요. 그러니까 문소리 씨의 다양한 작품을 보고 싶다고 진심으로 생각했습니다. 본인이 연기를 하시기 때문이기도 하겠지만, 그리고 여성 감독이라든지 그런 것으로 단락을 짓는 것은 저도 싫지만, 주인공에게 굉장히 공감도가 높구나 했어요. 여성으로서도. 뭔가 생생한 감정이 있을 때 자신이 감독을 하면서 연기를 하면 완성도가 이렇게 높아질 수 있구나 하는 걸 실감했습니다. 서로 나이 드는 것을 두려워하지 말고, 부디 계속해주시면 좋겠습니다.(웃음)

알겠습니다.(현장 박수) 우리 둘이서 이야기에 푹 빠져들었는데, 관객 여러분도 질문이 있으실 것 같아요. 마이크를 넘길 타이밍 같은데요.

* * *

두 분은 같은 해 7월생에 여성이신데요, 일과 관계없이 뭔가 서로 만나서 느낀 공통점이 있다면 듣고 싶습니다.

저는 감독님의 〈유레루〉라는 영화를 보고 '오, 감독이 누구지?' 하고 검색했는데 미모의 프로필 사진이 뜨는 거예요. '어머, 여자 감독님이시구나. 그런데도 너무 진지하고 파워풀한 작품을 만드셨구나' 하고 놀랐고, 여자라고 그런 걸 못 만들리라는 법은 없지만 괜히 한 번 더 동경했던 것 같아요. 그런데 어느 날 감독님이 〈꿈팔이 부부 사기단〉으로 서울국제여성영화제에 참석하신다는 얘기를 듣고 제가 연락을 드렸어요. 여성영화제에다가 혹시 니시카와 미와 감독님이 오시느냐고, 저랑 식사 한 번만 하시면 안 되겠느냐고 연락을 했고 결국 만났어요. 제가 감독님들한테 밥 먹자는 프러포즈를 잘 안 하는데 용감하게 해봤다고 했죠. "남자 배우가 아니라서 실망하셨죠?" 이런 농담을 주고받으면서 밥을 먹는데 처음부터 굉장히 친근한 느낌이었어요. 그때 신작에 대해서도 얘기 나눴어요.

근데 처음에는 감독님으로서 궁금한 마음이 컸지만 자꾸 볼수록 일본 사람이다, 영화감독이다 하는 걸 떠나서 글을 쓰고 영화를 만들어가는…… 자기 길을 가고 있고 자기 세계관을 꿋꿋이 지켜나가는 모습이 한 인간으로서 굉장히 멋있게 느껴졌어요. 제가 영화에 몸담은 지 10여 년이 넘어요. 이제는 뭐 여배우라는 데 얽매이지 않고 재미난 게 있으면 만들어보고, 연기도 하고, 학교에서 연기도 가르치면서 내 길을 꿋꿋이 잘 가고 싶다, 이런 생각이 들거든요. 그래서 더 감독님의 다음 작품이 기대가 되고, 소설도 한국에 출간된다고 해서 기다리고 있어요. 좋은 친구가 일본에 있다고 느낍니다. 작년에 돌아가셨지만 신영복 선생님을 제가 존경하는데, 그분 말씀 중에 스승은 친구 같은 스승이 좋은 스승이고, 친구는 스승처럼 존경할 만한 친구가 좋은 친구라고 하셨어요. 니시카와 감독님은 존경할 만한 부분이 있는, 내 친구 같은 사람인 것 같아요.

니시카와 감사합니다.(한국말) 여러분, 어떻습니까. 이 지성, 굉장하죠. 그 전후로 여배우께 식사를 초대받은 건 그거 한 번뿐입니다.(웃음) 훌륭한 한정식집에 데려가주셨어요. 그렇거든요. 배우에게 식사를 초대받으면 '뭐, 뭐가 있는 거야, 그 이면에?!'라고들 생각해서.(웃음) 그런 이유 때문에 배우분들도 배려를 하느라 좀처럼 불러주시지 않는지 모르지만. 아무튼 스크린에서밖에 뵌 적 없고 무척 동경하던 분이어서 설마 나한테 말을 걸어주실 거라고는 생각을 못했는데 말이죠. 뭐, 성큼성큼 갔습니다만.(웃음) 문소리 씨는, 오늘 말씀을 들으셔서 아시는 대로, 말씀도 굉장히 지적이고 재미있죠. 하지만 좋은 의미로 보통인 부분이 있어요. 배우란 정말로 특이한 사람들이라서요.(웃음) 사람으로서 온전하거든요, 문소리 씨. 그러니까 배우라든지 감독이라든지 그런 관계가 아니라 보통 사람의 느낌으로, 연극이나 영화에 대해 뭔가 편안한 기분으로 이야기를 나눌 수 있는 관계라고 생각돼요. 저도 가늘고 길게라도 이어가고 싶습니다.

관객 2 한국에서 연극을 볼 기회가 있었습니다. 한국 배우의 연기가 리얼해서 정말로 그 배역의 인생을 들여다보는 느낌이 들어 신선했습니다. 역할을 연기할 때 리얼리티를 담아내는 비결이 있나요.

그건 제가 먹고사는 비결이라 밝혀드리기가…….(웃음) 제가 처음 영화를 시작한 게 이창동 감독님의 〈박하사탕〉이었어요. 저는 처음에 영화도 잘 모르고 사실 연기도 학교에서 전공하지 않았어요. 저는 교육학을 전공했고, 연극을 매우 좋아하던 학생으로 졸업하자마자 영화를 하게 됐는데…… 연기를 어떻게 해야 하나 고민할 때 이창동 감독님이 그러셨어요. 연기하지 말라고. 그래서 "연기하라고 캐스팅하신 거 아니에요?" 그랬더니 대사도 하지 말래요. '아니, 대사가 쓰여 있는데 대사를 안 하면 어떡하나' 생각했어요.(웃음) 그냥 대사를 하지 말고 말을 해야 하는 거고, 연기를 하지 말고 살아야 하는 거라고 하시더라고요. 그런데 그때만 해도 그 말이 정확하게 무슨 뜻인지 너무 어려서 잘 몰랐어요. 감독님은 "니가 그 인물로 살고 그 인물로 말을 하고 있으면 내가 잠깐 찍을 뿐이야. 연기를 하고 대사를 하는 게 아니야"라고 말씀하셨어요. 그 말이 그땐 너무 추상적이었고, '내가 그 인물이 아닌데 어떻게 살란 말이야', 뭐 이런 생각도 들고 어려운 이야기였어요. 지금은 최대한 그 인물로 거짓 없이 살려는 노력이랄까, 그 노력이 인물을 연기하는 중요한 과정인 것 같아요. 굉장히 중요한 경험이었죠.

어떤 노력인지 아직 더 듣고 싶네요. 정말 말씀대로라고 생각하지만 과연 어떡해야 그 인물로 살 수 있을지. 그 언저리에서 많은 배우가 벽에 부닥쳐서 감독을 들볶잖아요.(웃음) 연기를 하지 말라니…… 〈오아시스〉의 역을 말이에요. 취재를 하거나 스스로 관찰하거나 혹은 집에서 혼자 이런저런 트레이닝을 하는

지도 몰라요. 배우의 접근법이라는 게 좀처럼 감독의 눈에 보이지 않거든요. 그러니까 한국의 배우들도 한 사람 한 사람 방식이 다르겠죠. 정말이지 한 작품 한 작품 구체적인 곳을 짚어가며 묻고 싶은데, 혹시 또 다음번이 있다면 깊이 파고들어 여쭤보고 싶네요.(웃음)

문소리 씨

그동안 잘 지내셨는지요?

얼굴 본 지가 엊그제 같은데 그사이 시간이 훌쩍 지났네요. 그간의 근황을 편지 형식으로 써달라고 부탁받은 지도 한참 전인데 차기작 준비를 위한 취재와 상업용 광고 촬영 등으로 정신없이 보내다 이제야 씁니다.

아주 가끔이긴 하지만 제게도 CF 좀 만들어달라는 의뢰가 오곤 합니다. 스케줄만 맞으면 기꺼이 응하죠. 일본에서는 영화에 비해 CF 작업료가 훨씬 좋기 때문에 저처럼 3, 4년에 한 번 정도밖에 영화를 만들지 않는 영화감독에게는 광고 만드는 일이 1년에 한 편이라도 들어오면 생활에도 큰 도움이 됩니다. 다른 사람이 구상한 플랜에 따라 일을 하는 것도 사실은 무척 즐겁습니다. 영화 현장에서는 제가 "이렇게 가자" 하고 지시를 내리면 그 지시가 순식간에 절대적 정의로 간주되고 그것을 좌표축으로 하여 모든 것이 움직이지만 CF의 경우는 다릅니다. 클라이언트가 "그건 좀 곤란한데요" "이건 아니죠" "클레임 들어오겠어요"라고 말하면 다시 아이디어를 수정하여 그들의 '정의'와 타협하지 않으면 안 됩니다. 콘티나 편집을 수정하면서 '아, 촌스러워!' '이건 아닌데!' '이런 건 너무 흔해!' 이렇게 속으로 투덜거리면서 합니다. 하지만 나의 정의가 과연 제대로 된 정의일까 하는 자문자답에서 해방되는 순간이기도 합니다. 완성된 광고를 보면 부족한 점이 보이기는 하지만 '클라이언트 요구라 어쩔 수 없지'라며 자신을 납득시키기도 하지요. 영화는 재미있는 구석이 많아도 이런 구실을 붙일 수 없으니 조금 무서워요.

제 얘기만 늘어놓았네요. 문소리 씨는 어떻게 지내셨나요? 2월에 문소리 감독 단편 작품 상영회에 다녀온 사람들이 "재미있었다" "더 보고 싶다" 하고 입을 모았습니다. "니시카와 감독은 여배우가 저런 작품을 만들었는데 분하지 않나요?"

하고 제게 묻는 사람들도 있었어요. '별 참견을 다 하시네. 별로 분하지 않거든요. 문소리 씨를 그저 그런 여배우로 취급하시면 곤란하죠'라고 생각하면서도, 여배우라는 직업을 가진 사람들은 무엇을 하더라도 '여배우가?' 하는 성가신 수식어가 따라다닐 수밖에 없는 처지라는 느낌도 들었습니다. '여배우가 감독을?' '여배우가 지적이다' '여배우가 겸손하다' '여배우가 솔직하네' '여배우가 못생겼어'—아이고, 여배우들 힘들겠어요. 여배우란 정말 어려운 생업이죠. 하지만 그렇기 때문에 그 '배우 시리즈'가 재미있고, 마치 사건의 진범만이 알 수 있는 '비밀의 폭로'처럼 여배우로 지내본 사람만이 그려낼 수 있는 유일무이한 작품이 만들어졌다고 생각합니다. 그리고 그것을 본 저는 처음으로 여배우의 삶을 살아가는 사람에게 진심으로 친근감을 느꼈습니다. 그렇다고 "더 만들어 주세요~"라고 말하기는 너무 쉽지요. 만드는 것의 고통에 항상 시달리는 저는 입을 꾹 다물겠지만요, 자기 내면에 다른 사람이 만든 캐릭터를 연기하는 것 말고도 다른 힘이 있다는 사실은 가끔 떠올려주시기 바랍니다.

올여름은 더울 것 같네요. 가족들 모두 건강하게 지내시기를 바랍니다. 또 만날 날을 기대할게요. 그리고 '여배우들은 당신들이 이렇게 성가시게 굴 때는 이런 식으로 느낀답니다' 하고 또 살짝 가르쳐주시면 기쁠 거예요.

2017년 7월 10일
니시카와 미와

니시카와 미와 님께

그동안 잘 계셨나요? 답장이 꽤 늦어 죄송합니다.

세상사 많은 일에 치이며 살다 보니 종종 무엇이 제일로 중요한 일인지 판단하지 못할 때가 많고 또 중요한 일이라 생각하면서도 이러저러한 사정으로 그 일을 우선으로 챙기지 못할 때도 많네요. 그럴 때마다 스스로를 자책하기도 하고 또 여러 사람에게 미안한 마음이 들기도 합니다. 그래서 엄마가 필요한 제 딸에게 늘 미안하고, 편지를 쓰는 이 순간 니시카와 미와 감독님께 죄송한 마음이 드는 것이겠지요.

저는 이번 가을 제가 만든 세 편의 단편영화(예전에 일본에서 대담할 때 상영했던 영화)를 3막 구성의 장편영화로 다듬어서 '여배우는 오늘도'라는 제목으로 한국에서 작게나마 극장 개봉을 했습니다. 영화의 운명이란 결국 관객을 만나는 것이니만큼 최대한 많은 관객에게 보일 수 있도록 나름대로 노력해보았습니다만, 결국 〈여배우는 오늘도〉는 대형 투자·배급사들의 작품에 비하면 매우 적은 관객 수를 남기고 한 달 반 만에 종영했습니다. 그리고 겨울을 코앞에 둔 지금, 제 마음속에는 적었던 관객 수에 대한 안타까움보다는 많은 것을 느끼고 배울 수 있었던 시간들에 감사한 마음만이 무척 크게 남아 있습니다.

저는 이번 〈여배우는 오늘도〉 개봉 과정을 통해 비단 한국의 문제만은 아닌 대형 배급사, 멀티플렉스 체인들의 스크린 독과점 문제에 대해서도 많은 것을 알게 되었고, 현 한국 사회에서 페미니즘 담론이 어떠한 상태인지 그리고 어디로 나아가야 하는지에 대해서도 많은 공부를 할 수 있었습니다. 더불어 이러한 배움들이 앞으로 제 연기에, 또 제 영화 인생에 지대한 영향을 끼칠 것이라는 예감도 매우 강하게 다가왔습니다.

그리고 잊을 수 없는 것은 관객들의 성원이었습니다. 많다면 많은, 그리고 적다면 적은 관객이었지만 그들의 웃음, 눈물, 공감, 위로는 늘 제가 예상한 것 이상이었고 참으로 소중했습니다. 제 작품이 조금 더 시간을 견디고 견뎌 또 다른 관객들과 조우하기를 작게나마 바라봅니다.

한 번의 연출 경험이었지만, 감독이란 사람들은 많은 사람들에 둘러싸여 있으면서도 참으로 외로운 사람이라는 느낌을 지울 수가 없었습니다. 감독의 일이 그럴진대 작가의 일은 더더욱 외로운 것이겠지요. 문득 니시카와 미와 감독님은 외로움과 잘 싸우고 계신지, 아니면 외로움을 잘 즐기고 계신지 궁금해집니다.

〈아주 긴 변명〉의 한국 개봉 때 감독님을 뵙지 못해 참 아쉬웠습니다. 언제 또 뵙게 될 날이 오겠지요? 10월 부산국제영화제에서 나카야마 미호 씨와 얘기를 나누면서도, 또 유키사다 아사오 감독님과 얘기를 나눌 때에도 니시카와 미와 감독님 생각이 났습니다. 요즘은 어떤 작품을 구상 중이신지 아니면 어떤 영화를 만들고 계신지, 도쿄에 계시는지, 다른 곳에서 무언가 쓰고 계실지도……

연말연시 좋은 사람들과 행복하게 보내시길 바랍니다. 그리고 조만간 한국에서든 일본에서든 서로 얼굴 마주하는 시간이 생긴다면 참으로 기쁠 것 같습니다. 건강하세요.

2017년 10월 31일

문소리

김중혁
요리후지 분페이

김중혁 소설가. 1971년 김천에서 태어났다. 2000년 〈문학과사회〉에 중편소설 「펭귄뉴스」를 발표하며 작품 활동을 시작했다. 소설집 『펭귄뉴스』 『악기들의 도서관』 『1층, 지하 1층』 『가짜 팔로 하는 포옹』, 장편소설 『좀비들』 『미스터 모노레일』 『당신의 그림자는 월요일』 『나는 농담이다』, 산문집 『뭐라도 되겠지』 『모든 게 노래』 『메이드 인 공장』 『바디무빙』 등을 썼다. 김유정문학상, 젊은작가상, 이효석문학상, 동인문학상 등을 받았다.

요리후지 분페이(寄藤文平) 일러스트레이터, 아트디렉터. 1973년 일본 나가노 현에서 태어났고 어릴 때부터 똥 그림을 즐겨 그렸다. 무사시노미술대학 시각디자인학과에 들어갔으나 중퇴했다. 일러스트레이션과 그래픽디자인 분야에서 활발히 활동 중이며 지성과 유머를 겸비한 상상력으로 유명하다. 도쿄메트로의 공익광고, '새로운 한국문학 시리즈' 장정 등을 작업했고 신문광고 분야의 권위 있는 상인 'ADC상'을 수상했다. 『혜변 천국』 『엘버트로스의 똥으로 만든 나라』 『숫자의 척도』 『낙서 마스터』 등의 책을 냈다.

김중혁 님

처음 뵙겠습니다, 요리후지 분페이라고 합니다.

만나 뵌 적은 없지만 작품은 접한 적이 있어서, 그래서, 그렇기 때문에, 멀리 계시다고 느껴지는 분에게 편지를 쓴다는 게 뭔가 미묘하네요. 별로 경험해본 적 없는, 안개 낀 듯한 긴장감이 있습니다.

저는 지금 〈슈츠The Suits〉라는 변호사 드라마를 틀어놓고 이 문장을 쓰고 있습니다. 한창 디자인 작업을 할 때 텔레비전이나 태블릿으로 해외 텔레비전 드라마를 틀어놓는 것이 저의 습관이거든요. 이 간결한 이름의 미국 드라마가 좋은 것은, 등장하는 여성이 적당히 서민적이고 조금 야한 차림을 하고 있다는 겁니다.

편지에서 무슨 말이든 하라는 요청이 있었던 겁니다만, 솔직히 말하면 저는 중혁 씨에 관해 아무것도 모릅니다. 일단 자료 비슷한 것은 넘겨받았습니다만 그런 '자료'를 보고 편지를 쓸 수는 없습니다. 『악기들의 도서관』의 장정을 생각하면서 첫 편 피아노 이야기만을 읽었습니다. 그때 '뭔가 굉장히 좋은 느낌이 들었다' 하는 게 중혁 씨에 대한 제 인상의 전부입니다.

『악기들의 도서관』은 지금, 집에 돌아와, 화장실에서 똥을 누거나 바닥에 누워 베개를 겨드랑이에 끼고서 읽고 있습니다. 이제 겨우 네 번째 단편까지 읽었습니다. 처음에는 전부 읽고 나서 생각을 거듭해 짜내고 짜낸 질문을 하지 않으면 안 될 것 같은 기분이 들었습니다. 그러나 읽다 보니 그렇게 질문을 만들어내는 것 전부가 바보 같다는 생각이 들기 시작했죠. 그리고 그와 동시에, 그런 나 자신의 기분 변화 자체에서 중혁 씨 소설의 메시지를 발견한 것같이 여겨졌습니다.

'일본과 한국의 교류'라는 커다란 목적 앞에서, 스스로도 눈치채지 못한 사이 어깨에 힘이 들어간 모양입니다. 일본이라든지 한국이라든지 그런 구분과 관계 없이 각각 별개의 환경과 문맥 안에서 살아온 사람들이 솔직하게 서로의 이야기를 하면 좋은 것 아닌가 하고 머리로는 생각하고 있었습니다. 그런데 그것과 똑같은 머리로 짜내고 짜낸 질문을 하지 않으면 안 된다고 생각했던 거니까, 머리라는 건 뜻대로 안 되네요.

『악기들의 도서관』을 읽고 있으면 기분이 편해집니다. 즐거운 일을 그린 이야기가 아니어도 읽고 있으면 어쩐지 명랑한 기분이 됩니다. 현실에서 도피한다든지 흥분이 가라앉는다든지 하는 유의 것이 아닙니다. 잘 표현할 수 없습니다만 '나라는 존재가 대략 바른 위치에 있다'라고 하는 직감 같은 것입니다. 그 직감은 읽고 있는 문장과 관계없는 곳에서 생겨나 다 읽은 뒤에도 이어지는 것입니다.

그런 까닭에, 그러한 직감에 따라 편지를 보내드리기로 했습니다. 의미 불명의 편지입니다만, 말하자면 제 나름의 『악기들의 도서관』 감상문입니다.

만나 뵐 때를 조금 긴장하면서 기대하고 있겠습니다.

오시는 길 조심해주시기를.

2015년 12월 8일

요리후지 분페이

요리후지 분페이 씨께

안녕하세요. 저는 김중혁이라고 합니다.

보내주신 편지를 열어보기 전까지 저는 NBA 농구를 보고 있었습니다. 골든스테이트워리어스Golden State Warriors라는 팀이 개막 전부터 21연승인가 22연승인가를 하며 신기록을 달성하는 중이어서 그 팀의 경기를 보고 있었습니다. 글을 쓰지 않고 책을 읽지 않을 때는 스포츠 경기를 소리 없이 볼 때가 많습니다. 해설도 들리지 않고 관중의 함성도 들리지 않으면 마치 여러 마리의 개미들이 먹이를 들고 분주하게 움직이는 것처럼 보이기도 합니다.

저는 소설을 쓰고 에세이를 쓰고 방송 프로그램에 나가서 말을 하기도 하지만, (요리후지 분페이 씨 같은 전문가에게 드러내놓고 말하긴 민망하지만) 그림을 그리기도 합니다. 주간잡지에 짧은 카툰을 그리기도 하고, 책 작업을 하기도 했습니다. 그림을 그릴 때면 저 역시 텔레비전을 틀어두거나 라디오를 듣습니다. 소리를 들으면서 선을 긋는 작업이 무척 즐겁습니다. 아무런 생각도 나지 않고, 선을 긋는 사람만 남아 있는 기분입니다.

일본에서 나온 『악기들의 도서관』 표지를 보는 순간 "아, 아름답다"라고 소리내어 말했습니다. 그저 첼로가 거기 그려져 있을 뿐인데 어째서 아름답다고 말하게 됐을까요. 색이 유독 아름다운 첼로여서이기도 하지만, 첼로가 첼로처럼 보이면서 내게 말을 거는 듯한 기분이 들었기 때문입니다. 첼로는 살아 있는 물체처럼 보였습니다. 요리후지 분페이 씨가 작업한 표지들이 대부분 그렇더군요. 요리후지 분페이 씨가 제 소설을 두고 "나라는 존재가 대략 바른 위치에 있다" 하는 직감 같은 걸 느낀다고 해주셨는데, 제가 본 요리후지 분페이 씨의 작품 역시 그 물체가 있어야 할 자리를 제대로 표현하고 있다는 느낌을 받았습니다.

저는 요리후지 분페이 씨의 작품을 두 권 읽었습니다. 『낙서 마스터』와 『숫자의 척도』입니다. 상상력이란 과연 무엇일까 생각해보았습니다. 상상한다는 것은 자리를 넓히는 일일 것입니다. 물체들이 있어야 할 자리를 넓히고, 우리들이 서 있는 가상의 땅을 넓히는 것입니다. 지금도 지구상에는 물리적인 땅을 넓히기 위해 전쟁을 벌이는 곳들이 많습니다. 과연 지금이 21세기가 맞는지 의심스럽습니다. 한편에서는 수많은 예술가들이 보이지 않는 가상의 땅을 넓히기 위해 끊임없이 상상합니다. 아주 작은 공간의 빈틈을 상상하고, 무한한 우주의 넓이를 상상합니다. 『숫자의 척도』 시작 부분에서 숫자의 단위를 설명하기 위해 우주까지 뻗어나가는 그림은 압도적이었습니다. 예술가들이 만든 상상의 공간에 고층 빌딩을 세울 수는 없지만, 부동산 투기로 돈을 벌 수는 없지만, 서로의 공간에 초대를 할 수는 있을 겁니다. 저도 요리후지 분페이 씨를 전혀 모르지만 작품 때문인지 이미 잘 알고 있는 것 같은 기분이 듭니다. 곧 만나 뵙겠습니다.

궁금하실 것 같아 알려드립니다만, 골든스테이트워리어스의 연승 행진은 중단되었습니다. 24연승에서 끝이 났습니다. 역대 최고 기록은 1971-1972년 시즌에 LA레이커스 팀이 세운 33연승이었습니다. 골든스테이트워리어스의 경기를 좋아하는 팬으로서 연승이 끝난 게 아쉽기도 하지만 마음이 후련하기도 합니다. 기록 같은 건 빨리 깨지는 편이 좋다고 생각합니다. 이제는 기록이 깨질지도 모른다는 부담 없이 마음껏 경기를 할 수 있겠죠.

추신. 방금 IPTV에서 〈슈츠〉 한 편을 다운로드했습니다.

2015년 12월 14일

김중혁 드림

소설가 김중혁과 일러스트레이터 요리후지 분페이의
만남은 편지로 시작되었다. 얼굴을 마주하기 전부터
책으로, 드라마로 그리고 나름의 명랑함으로
공평한 두 사람. 느긋하게 갑시다, 라며 시작한
대화는 캐치볼을 하듯 넉살과 유머를 주고받다가도
예측할 수 없이 문화와 예술의 깊숙한 차원을
건드리며 도쿄도쿄홀 서점의 공기를 긴장시키고……

맛있는 것을 먹고 나서 바로 맛있다고 말하지 않기

어떻게 바꿔 말하고 비유하는가
당신은 문학적입니까?

첫 번째 이야기
2015년 12월 17일 목요일
5시 5분 시작, 6교

요리후지 오늘 점심때쯤 김중혁 씨가 제 사무실(분페이긴자文平銀座)에 와
주셔서 이런저런 이야기를 나눴습니다. "어제 별로 못 잤다" 말
했더니 "대담 전에 푹 쉬세요"라고 말씀해주셔서 조금 쉬었거든
요. 그랬더니 너무 쉬어서 직전까지 쿨쿨. '아, 이제 가야 돼' 하
는 시간이 되어서 옷도 갈아입지 않고, 머리도 싱크대에서 감아
서 당연히 축축합니다.(웃음) 서둘러서 택시를 탔더니 이건 신호
마다 빨간색뿐이라 오랜만에 조마조마했어요. 이런 식으로 이
자리에 겨우 어찌어찌해서 왔습니다. 부디 잘 부탁드립니다.
김중혁 씨는 소설을 쓰시고, 저는 디자인을 하고 있죠. 표현의
방법은 다르지만 무척 가까운 거라고 느끼고 있습니다. 오늘은
제가 김중혁 씨께 여러 가지 질문하는 형태로 진행하도록 되어
있습니다. 묻고 싶은 게 엄청 많아서 무엇부터 시작하면 좋을지

모르겠어요. 뭐, 저도 김중혁 씨도 '괜찮은 대담을 만들고말고!' 같은 생각은 거의 안 갖고 있다고 생각합니다.(웃음) 초조하던 빨간 신호 도중에 생각한 첫 번째 질문으로, 맛있는 것을 먹었을 때 "맛있다!" 하고 기쁜 듯 말하는 사람과 보통 톤으로 "맛있다" 말하는 사람이 있는데 김중혁 씨는 어느 쪽입니까?

김중혁 답변을 하기 전에, 그렇게 오실 줄 알았으면 제가 옷을 대충 입고 올걸 그랬나 하는 생각이 드네요.(웃음) 하지만 옷이 이거 하나밖에 없기 때문에 너무 차려입고 온 것처럼 보여도 양해해주시기 바랍니다. 저 역시 대단한 대담이 될 거라고는 생각하지 않고요. 저는 개인적으로 창작자에 대한 비밀 같은 것을 캐내는 연재를 한국에서 하고 있습니다. 그래서 그런 이야기들을 조금 들어보고 싶습니다. 저의 경우를 말씀드리면, 일단 생각을 해보니까 저는 먹고 나서 바로 맛이 있다 없다 판단을 내리지는 않는 것 같습니다. '왜 이런 맛이 나지? 왜 이런 맛을 내려고 했을까?'를 생각한 다음에 집에 가면서 '아, 맛있었구나' 하는 편입니다. 그리고 끝 맛이 입에 나쁜 맛으로 남을 때, 집에 가다가 너무 화가 나서 '정말 맛이 없구나' 하고 느낍니다.(웃음) 저도 질문이 있는데, 이 이야기가 끝난 뒤에 물어보겠습니다.

요리후지 아니, 저는 그저 질문을 해보고 싶었을 뿐입니다. 이어지는 게 있는 건 아니에요.(웃음) 지금 이야기에서, 소설도 비슷한 느낌이랄까 어떤 하나의 현상이 있어서, 즉각 반응하는 것이 아니라 엄청나게 미뤄진 듯이 느껴지는 그런 느낌과 무척 통하는 것이 있다고 생각했습니다. 맥주는 첫 잔째는 맛있다고 느끼지만 마지막 잔은 맛없어지기도 하잖아요. 몸 상태에 따라서도 바뀔지 모르고요. 말씀하셨던 대로 확실히 맛있다는 것은 그 순간에 정해지는 게 아니라, 좀 더 긴 시간이 걸릴지 모르겠다고 생각했습니다. 부디 다음 질문을 부탁드립니다.(웃음)

김중혁　말씀하시는 중에 질문이 떠올랐는데요, 제 소설도 그와 비슷하게 느끼셨다고 해서 생각난 겁니다. 아마도 제 소설은 그런 사람들을 위한 소설일 것 같은데요, 어떤 불의나 압력에 대해서 바로 항의를 하기보다는 곰곰이 좀 생각해보다가 나중에야 화가 나서 뒤늦게 항의하는 사람들이 있잖아요. 집에 와서 자려고 누웠는데 '아, 내가 그때 그 말을 했어야 됐는데' '아, 그때 그렇게 말했으면 멋있었을 텐데' 하고 생각하는 사람들. 저는 그런 사람들이 문학적이라고 생각합니다. 그런 분들과 공유할 수 있는 소설을 쓰고 싶어요.
제가 분페이 씨의 책을 재밌게 읽었는데요, 그중 인상적인 구절이 하나 있었습니다. 검도를 배우는데 죽도를 계속 내려치다가 도무지 자세를 바로잡을 수 없을 때 선생님께서 "죽도 끝에 있는 작은 돌멩이를 멀리 던진다는 기분으로 내려쳐라" 하시는 말씀 듣고 자세가 좋아졌다고 하셨거든요. 저는 그 표현이 굉장히 문학적이라고 생각했는데, 문학적이라는 게 무엇일까요?

요리후지　아, 엄청나게 어려운 질문이네요. 저는 지금 이 이야기를 듣고 '그런 걸 문학적이라고 하는 거구나' 하고 생각했달까. 일본에는 문학을 정의하는 말이 여럿 있지만 그중에서도 제게는 지금 말씀하신 '문학적'이라는 것의 정의가 무척 잘 맞아떨어졌습니다. 그러니까 맞아떨어졌을 뿐 아니라 저로서는 '아, 지금 말씀하신 대로다'라는 느낌마저 있습니다만.(웃음)

다만 그 '문학적'이라는 게 무엇인가 하는 데 답이 될지는 모르겠지만, 무엇인가를 전할 때 다른 것으로 치환해서 그것을 충족시키는 것을 '문학적'이라고 한다면, 저는 '어떤 식으로 치환하는가' '이해를 하는 데 필요한 치환이란 어떤 것인가' 하는 데 무척 강한 관심을 갖고 있습니다. 하나의 현상에 하나의 사전으로 대응하는 타입의 치환이 있습니다. 그리고 하나의 현상에 여러 개의 사전이 연결되는 타입의 치환이 있습니다. 김중혁 씨가 지금 말씀하신 '문학적'이라는 것은 어느 하나의 치환으로 엄청나게 많은 것을 한 번에 설명하는 타입이고요. 그런 치환을 '문학적'이라는 말로 불러도 좋다고 저는 생각합니다.

김중혁 한국에서 잘 쓰는 비유에 "내 마음은 호수요"라는 게 있습니다. 그 뒤에 이어지는 시어가 "그대 노 저어 오오"입니다. 이것은 문학적이긴 하지만 그렇게 와닿지는 않는, 너무 흔한 비유라고 생각합니다. 세상에 없는 비유나 세상에 없는 치환을 하려면 어떤 상상력이 필요한지, 그림을 그리시는 분의 답이 궁금합니다.

요리후지 그렇군요. 질문이 모두 적확해서 김중혁 씨의 질문 자체에 굉장히 감동하게 됩니다. 그렇게 날카로운 질문이 가능하구나 싶어서 '나 어떡하지?' 생각했어요.(웃음) 비유에 대해서 저도 지금 엄청 알아보는 중입니다. 자신에게 딱 떨어지는 비유를 발견했을 땐 굉장히 특수한 느낌이 있습니다. 맞는 비유를 찾았을 때 '이거다' 하는 느낌이 있잖아요. 그 비유를 발견할 때까지 그저 일념으로 여러 비유를 늘어놓는 프로세스가 있습니다. 예를 들면 나무를 그릴 때 제게 제일 딱 맞는 나무의 형태를 발견해가는 프로세스와, 검도에서 죽도 끝에 붙어 있는 돌을 멀리 날릴 작정으로 휘두르는 것과, 마음을 나타내는 데 호수보다 더 맞아떨어지는 비유를 찾는 것은 어쩌면 서로 닮았다고 생각합니다. 그림을 그리는 것으로 비유를 생각하자면, 제 경우는 우선 그림으로 치환합니다. 비유라는 것은 파고들면 결국 기하학적인 것이 아닌가 하고 생각하거든요. 기하학 문제를 증명으로 풀어가듯이, 비유도 어느 정도 베이스가 되는 논리가 있죠. 그게 제대로 내 안에서 보일 때는 그에 걸맞은 비유가 자연스레 살이 붙어가죠. 그런 느낌이 있어요. 예를 들어 개를 그린다고 봐요. 개의 골격이 분명히 있잖아요. 사나운 개는 콧잔등이 두껍습니다. 왜냐하면 얼굴의 근육이 튼튼하기 때문이지요. 그리고 무거워진 머리를 지탱하기 위해서 근육이 발달합니다. 그런 개는 빨리 달리지 못하니까 다리가 짧아져버리죠. 그런 하나의 흐름이 있는 겁니다. 즉, 사나운 개의 요소들이 성립해야 의미가 있으므로, 그 이유를 하나하나 알아가지 않으면 그리기 힘들죠.

마스티프라는 견종이 있어요. 제가 보기에 사나움을 가장 잘 드러내는 건 마스티프지, 도베르만은 별로 사나운 모습을 하고 있지 않아요. 그러니까 사나운 개를 그릴 때는 도베르만이 아니라 마스티프같이 그릴 겁니다. 이 경우 도베르만은 이치에 맞지 않

일본어판과 한국어판 『악기들의 도서관』 표지.

는 거예요. 사납지 않되 무섭고, 굉장히 인공적인 개라는 느낌이 들거든요. 무섭고 인공적인 뉘앙스를 내고 싶을 때는 도베르만이 걸맞죠. 그런 식으로 생각하며 개의 형상을 결정해갑니다.

김중혁 자꾸 개들의 표정을 흉내 내면서 웃기시니까 제가 위기감을 느낍니다.(웃음) 비슷한 경우가 저도 있는데요, 분페이 씨 책을 보면 머릿속의 이미지를 그림으로 그리는 페이지가 있습니다. 소설을 쓸 때도 비슷한 과정을 거치게 되는데, 머릿속에 있는 특정하지만 구체적이지 않은 어떤 이미지 같은 것을 문장으로 옮기기 위해서는 하나씩 하나씩 분해하는 데서 시작합니다. 분페이 씨는 기하학과 도표로 시작한다고 하셨는데, 저는 건축적인 것부터 시작합니다. 내가 소설을 쓰고 있는 이 장소가 도시인지 시골인지, 건물이라면 몇 층 건물이고 사건이 일어난 곳은 어떤 방이며 그 방에 어떤 장식물들이 있는지 머릿속에 다 떠올리고 나서야 좋은 이야기가 나온다고 생각합니다. 그래서 개의 비유를 말씀하셨지만, 그러한 구체적인 형상들이 머리에 떠오르지 않으면 좋은 비유가 나올 수 없다고 생각하고, 좋은 비유란 좋은 상상에서 비롯한다고 생각합니다. 이야기를 듣고서 갑자기 떠오른 질문인데요, 많은 예술가들이 고양이를 굉장히 좋아하는데 어째서 고양이가 아니라 개를 더 좋아하시는지 궁금하네요?(웃음)

요리후지 제가 집에서 개를 키우고 있기도 하고, 고양이에게 물린 경험도 있거든요.(웃음) 고양이 소리를 들으면 기분이 좀 싫어집니다.

김중혁 저는 개한테 물린 적이 있습니다.(웃음)

요리후지 그렇습니까.(웃음) 고양이와 개라면 고양이 쪽을 좋아하시나요?

김중혁 네, 저는 고양이가 더 좋습니다. 고양이에게 할큄을 당하기도 했지만 개한테 물린 것만큼 상처가 크지는 않았거든요.(웃음)

요리후지 그렇습니까. 제 경우에는 새끼를 키우는 고양이가 덤불에 집을 만들고 있었거든요. 우리 개가 우연히 그 옆을 지나갔죠. 그랬더니 엄마 고양이가 엄청난 기세로 달려나와서, 더구나 우리 개는 곧바로 피해버려서, 고양이가 콱 하고 발을 물었어요. 그게 강렬하게 아팠죠. 고양이가 털을 곤두세우고 쉭 하는 소리를 내서 엄청 겁이 났어요. 그러니까 야~옹거리면서 다가올 때마다 '이 녀석이 그 소리를 내는 건가' 하고 생각할 때가 있어요.(웃음)

김중혁   표정과 소리로 실감나게 재현해주셔서 감사합니다.(웃음) 저는 창작을 하거나 새로운 상상을 해야 되는 사람들에게 자주 물어보는 질문이 있는데, 아무리 생각을 해도 떠오르지 않거나 막막할 때 어떤 일로 그 실마리를 풀어나가시는지 여쭤보고 싶습니다.

요리후지   여러 방법이 있어서 하나만 고르는 건 어렵고, 그때그때 다릅니다. 예를 들면 컴퓨터가 고장 나서 움직이지 않을 때, 이것저것 만져보다가 고쳐진 경험이 꽤 있는 것 같아요. 그런 느낌과 무척 가까운데, 아이디어가 안 떠올라서 곤란할 때 이것저것 해보다가 돌연 아이디어가 솟아서 '이거 괜찮겠다' 하는 거죠. 하지만 어째서 그렇게 됐는지는 잘 모르죠. 느낌이 그렇습니다.

김중혁   그런데 괜히 건드렸다가 아예 켜지지 않을 때도 있지 않나요?

요리후지   있죠.(웃음) 제 경우에는 꼬여갈 때면 말이 점점 늡니다. 잘 안 되는 것은 일단 미뤄둔 채 '왜 잘 안 될까' 하고 '왜'를 묻는 말이 다량으로 나오죠. 잘 안 돼가는 게 아마 나 자신의 탓이 아니고 다른 어떤 시스템이 해결되지 않아서라고 생각해, 그 주변 시스템을 얘기하는 말이 다량으로 제 속에서 튀어나오는 겁니다. 그

건 대략 말기적인 증상이지만.

김중혁 내 탓이 아니라 다른 사람 탓이라고 생각하면 되는 거군요.(웃음) 하다 보니 어느새 제가 질문을 하고 있는데요.

요리후지 확실히 제가 질문하는 것보다도 중혁 씨의 질문이 훨씬 더 재미있어서요.(웃음) 이거 충격적이네요.

김중혁 또 궁금한 것이 생겼습니다.(웃음) 일러스트 이야기를 하셨는데 저는 새로운 아이디어나 생각이 문자 형태로 나타납니다. 예를 들면 어떤 소설의 제목이라든지 좋은 문장이라든지 문자 형태로 아이디어가 나타나는데요, 글도 쓰시고 그림도 그리시고 디자인도 하시기 때문에 다양한 형태의 영감이 떠오를 것 같은데, 그림, 문장, 형상, 색깔이 머릿속에 어떤 형태로 떠오르는지 궁금합니다.

요리후지 이것도 어렵네요.(웃음) 어떤 느낌인가로 말하면 말로 표현하기 어려운데, 형태라든지 문자가 아니라, 음, 뭔가 어렵네요. 막연히 그때그때 제 기분이 우선 있어요. 여러 기분이 있는데, 기쁘다, 즐겁다, 슬프다 같은 잡스러운 것이 아니라 좀 더…… 딱 떨어지는 말이 없어서 표현하기가 어렵습니다만.

김중혁 그럼 그림을 그려보시겠어요?(웃음)

요리후지 　아, 그림으로 그려도 되는군요. 예를 들면 점으로 된 도톨도톨한 입자가 모인 그림이 있다고 합시다. 그 기분이라는 것은, 하나하나의 알갱이는 날카롭죠. 하지만 전체로서는 부드럽습니다. 점을 겹쳐 찍은 그림이죠. 그것과 대단히 가까운 기분이라는 것은 생활 속에도 있습니다. 그 기분이 먼저 있으면, 그게 그림이 돼 갑니다. 또는 아주 비슷한 감각을 추체험할 수 있는 유의 문장이 돼가죠. 그런 느낌입니다.

김중혁 　분페이 씨 책을 보면 유독 우주에 관한 이야기가 많이 나오는 것 같습니다. 예를 들면 우주 멀리서 지구를 내려다본다거나 지구에서 먼 우주를 올려다보는 것 같은 그런 시선 같은 게 느껴집니다. 조금 전에 그림으로 표현하신 이런 점들이 마치 밤하늘 아래 드러누워 별을 바라보는 느낌에 가까운 게 아닌가 생각해봤습니다.

요리후지 　그러게요. 실제로 밤하늘의 느낌에 무척 가깝네요. 그 밤하늘을 올려다보는 기분 같은 것이 먼저 있습니다. 저는 중혁 씨의 소설에 그 기분이라는 것이 강렬하게 그려져 있다고 생각했습니다. 수많은 문장이 가라앉고 제일 위쪽에 남은 맑은 부분 같은 형태로 그려지는 것이, 굉장히 커다랗게 와닿는 겁니다. 깜짝 놀랐습니다. 일본어로 번역되었기 때문에 중혁 씨의 오리지널한 문체는 잘 모릅니다만, 문맥에서 기분이 굉장히 잘 전해져 왔습니다. 아이디어가 먼저 말로 생겨난다는 말씀을 듣고 불가사의한 느낌이 들었어요.

김중혁 대단히 정확하게 표현을 해주신 것 같은데, 제가 글을 쓸 때 중요하게 생각하는 것이 말씀해주신 것과 비슷합니다. 이건 말로 설명하기 힘든데, 문장이 모여서 한 편의 글이 되기도 하지만 덩어리, 덩어리, 덩어리를 이어서 그것이 하나의 소설이 된다고 생각하고 쓰는 편이거든요. 그래서 제가 굉장히 멋있는 문장을 썼을 때가 있는데 너무 멋있어서 탈락된 경우도 있습니다.(웃음) 그것 때문에 말씀하신 두께가 오히려 균일해지지 않아 쳐내는 작업을 하게 되는 것 같습니다. 좋은 문장이 있을 때는 독자가 바로 '오이시(맛있다)'라고 할 수도 있겠지만, 저는 다 읽고 나서 책장을 덮고 한참 있다가 '오이시캇타(맛있었다)' 하게 되는 소설을 쓰고 싶은 겁니다. 그래서 쳐내는 작업을 하고 있는 거죠. 어쩐지 제가 또 질문을 해야 할 것 같은 느낌이네요.(웃음)

요리후지 제 쪽에서도 질문을 하고 싶군요.(웃음) '그림'이라는 것은 만화와 별개라고 생각합니다. 그림으로 인물은 그려도 그 인물에 감정을 부여하는 데는 서투른 편입니다. 도리어 '감정을 배제하고 관계 맺는 방식을 통해 기분을 전하는 것은 불가능할까?' 하고 생각하면서 그림을 그리고 있습니다. 중혁 씨 소설은 인물상이나 감정 변화가 어딘가 차게 식어 있는 기분이 듭니다. 주인공이 각각 관찰자랄까, 당사자가 되어 있기도 하지만 방관자가 되어 있기도 해서. 저는 그런 식으로 쓰는 사람을 따로 알지 못합니다. 캐릭터를 어떤 식으로 생각하며 그리는지 알고 싶습니다.

김중혁 드디어 대답하기 어려운 질문이 나왔네요. 저도 그림으로 그리

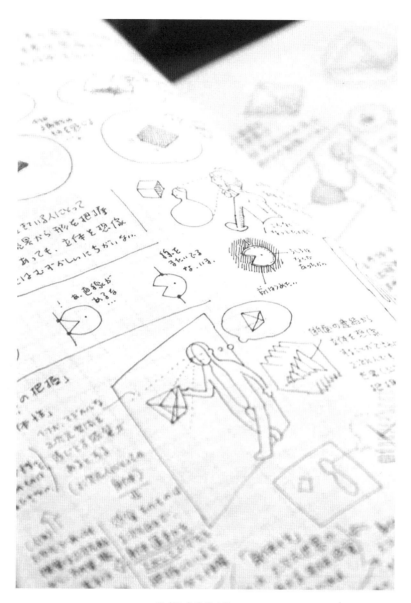

요리후지 분페이의 노트.

고 싶은 심정입니다. 그렇지만 그림을 잘 못 그려서요.(웃음) 예를 들면 사람들은 대부분 소설을 쓸 때 특정 인물을 모델로 해서 썼을 것이라고 생각하지만, 제가 이야기를 나눠본 많은 소설가들은 최소한 대여섯 명의 특질을 모아 그걸 조합해서 새로운 인물을 만들어내고, 저도 그렇습니다. 그래서 어떤 그림을 그릴 때처럼 어떤 사람의 특질을 여러 개 샘플을 모아 전시해두었다가, 제가 필요로 하는 사람들의 특질을 모아 하나의 용기에 넣어 섞은 후 틀에 부으면 그것이 새로운 사람이 되는 것 같습니다. 제 머리 안에는 서랍 같은 것이 있는데, 거기에 모든 걸 수집해서 차곡차곡 정리해둡니다. 그래서 창작을 하는 사람들에게 영감 혹은 새로운 아이디어 같은 것들은 상상력이 아니라 관찰력에서 비롯된다고 생각하는 편입니다. 그런데 더 복잡해지는 것은, 관찰이 시각적인 것뿐만 아니라 청각적인 것, 촉각적인 것도 포함하기 때문에 굉장히 힘든 직업이라는 겁니다. 영화감독은 여러 스태프들과 함께하지만 소설가는 음향감독이기도 해야 하고 촬영도 해야 하고 헌팅도 해야 하고, 수많은 것을 혼자 해야 해요. 여러 감각을 몸에 익히고 있어야 하는 아주 고된 작업이라 그렇게 늦게 자는 것이 아닌가 싶습니다.

제가 『숫자의 척도』라는 책을 재미있게 봐서 그런 생각을 자주 하게 됐는데요, 저는 밤에 장시간 작업을 하는데 들인 시간에 비해 결과물이 무척 적어서 효율이 안 좋은 것 같아요. 그림을 그리거나 디자인을 할 때는 어떠신지 궁금합니다. 말하자면 타율이라고 할까요? 뽑아내는 비율, 시간당 작업 결과물 수가 어떤지요.

요리후지 문장의 경우, 많이 써놓고 점점 깎아내 이 한 줄에 담는다는 식으로 결정해요. 그에 비해 시각적인 것은 깎아내는 과정이 별로 없고, 서로 겹쳐 쌓아가는 느낌에 가깝습니다. 예를 들어 그림으로 말하자면, 한 장의 그림 속에 '이 느낌이 좋겠다' 하는 청사진이 미리 있어서, 그리면서 깎아내거나 덧붙이거나 하지는 않습니다. 하나의 선을 그린 곳에 '아, 이거라면 이런 식으로 할 수 있지 않을까'라든지 '이런 식의 전개로 여기 형체가 들어가지 않을까'라는 식으로 그림이 자동 생성되어가는 겁니다. 일련의 프로세스가 하나의 비주얼이므로, 한번 만들어진 것은 깎아내기가 굉장히 어렵죠. 한번 완성했어도 내가 추구한 것과 전체상이 다르면 한 번 더 맨 처음부터 해나갑니다.

김중혁 말씀하시는 것을 들어보니까 제가 작업하는 방식이 그림의 작업 방식과 유사하다고 할 수 있을 것 같습니다. 머릿속에 어떤 이야기나 이미지가 떠오르면 그건 일단 써나가면서 그 운동의 방향성을 따르거든요. 물론 완성이 되면 약간의 수정이나 교정 작업이 필요하지만 그 운동의 방향성 때문에 전체 중 특정한 부분을 잘라내거나 크게 손보는 일은 거의 없습니다. 그래서 어떤 작품은 끝이 나면 굉장히 홀가분하고 괜찮은 것을 해냈다는 자부심이 드는 반면에, 열심히 해서 다 끝났는데도 도저히 용납할 수 없는 작품이 나올 때도 있어요. 말씀하신 대로 그 모든 걸 통째로 버리지 않으면 안 돼서, 처음부터 다시 할 수밖에 없는 것 같습니다. 제가 작가로서 이상한 것인지도 모르지만, 자꾸 닮은 점을 발견하게 되는 것 같습니다.

요리후지 제가 생각해도 생각하는 방식이 무척 닮은 것 같습니다. 디자이너로서 저 스스로 물어도 답이 안 나오는 일이 있습니다. 그림을 그릴 때는 당초 생각했던 것에서 싹 달라질 때 스스로 해방감이 큽니다. 그런데 디자인은 미리 설계를 제대로 해놓는 것이 중요해서, 생각했던 것과 마무리된 것이 완전히 같아야 하죠. 같은 비주얼아트인데 둘은 서로 상반되죠.

김중혁 소설을 쓸 때도 비슷한 생각을 해요. 머릿속에 떠오르는 어떤 이야기의 커다란 틀, '이런 이야기를 쓸 거야' '이런 이야기를 쓰면 정말 좋을 거야'라는 큰 이미지가 떠오릅니다. 그런데 성처럼 온갖 건물과 엄청난 이미지를 떠올렸는데 막상 다 쓰고 나면 초가집 같은 작은 건물만 달랑 남아 있을 때가 있거든요. 머릿속에 떠오르는 이 거대한 이미지와 실제 결과물 사이의 격차를 줄이는 일이 소설가로서 가장 큰 역할이자 임무라고 생각하는데 그러려고 노력하는 중입니다.

디자인 작업을 말씀하셨는데, 저도 이야기를 단계별로 다 짜놓고 글로 옮길 때는 재미가 없습니다. 왜냐하면 제가 그 이야기를 전부 알고 있기 때문이죠. 저는 제가 모르는 이야기를 저한테 들려주기 위해서 소설을 써나간다는 생각을 합니다. 이야기를 아주 잘 들려주는 사람은 많잖아요. 제가 하고 싶은 일은, 제가 잘 모르는 이야기를 잘 모르는 방식으로, 잘 모른 채로 이야기하는 것. 그것이 제가 소설에서 추구하고 싶은 바입니다. 아까 제가 소설에서 한발 떨어져 있다거나 차게 식어 있다고 하신 부분은 저의 입장이나 태도 때문에 그런 게 아닐까 생각합니다.

요리후지 저는 카메라를 좋아해서 '라이카'를 어린 시절 무척 동경했어요. 엄청나게 비싸서 살 수는 없었지만. 할 수 없이 라이카를 그림으로 그렸어요.(웃음) 라이카는 디테일이 많죠. 아마도 라이카를 만든 디자이너가 틀림없이 궁리를 하면서 찾아낸 형태일 거라고 생각했습니다. '기능과 디자인이 서로 씨름한 결과로 라이카가 만들어진 거다'라고요. 한편으로 아이폰은 엄청나게 심플하잖아요. 하지만 저는 아이폰을 그림으로 그리기가 아주 어렵습니다. 미끈해가지고 그릴 데가 없는 거예요.(웃음) 라이카를 보면 그리고 싶어지지만 아이폰은 그렇게 생각되지 않죠. 그런데 디자이너로서는 라이카보다도 아이폰 같은 디자인 쪽으로 작업을 합니다. 그건 엄청난 분열이죠. 소설에도 그러한 분열이 있을까요?

김중혁 늘 시작할 때 그런 분열을 느껴요. 소설을 시작할 때 제일 중요한 것이, 아까 미리 건축가처럼 공간을 만든다고 말씀드렸는데, 사실 그것보다 내가 이 이야기의 톤을 어떻게 할 것인가가 더 중요하거든요. 라이카처럼 할 것인가 아이폰처럼 할 것인가 아니면 다른 것처럼 할 것인가를 선택해야 하는데, 이야기를 잘 모르고 시작하기 때문에 그 선택하는 과정이 굉장히 중요합니다. 그래서 이야기를 라이카로 다 썼는데 쓰고 보니까 이 이야기는 라이카가 아니라 아이폰으로 써야 했다는 걸 뒤늦게 알 때도 있습니다. 소설가로서는, 말씀하신 그 분열 상태처럼, 아이폰도 가지고 있어야 하고 라이카도 가지고 있어야 하고, 세상에서 탐나는 기계는 다 가지고 있어야만 나중에 무기로 쓸 수 있지요. 이야기를 표현하는 툴로서 그런 기계는 많을수록 좋다고 생각합니다.

요리후지 지금 이야기 속에서 '톤'이라고 말씀하셨잖아요. 라이카처럼 디테일이 있는 것을 그리고 싶다는 생각, 디자이너로서는 아이폰같이 보다 세련되고 심플한 것을 추구하고 싶다는 생각. 그건 분열이 아니라 각각의 톤의 차이다, 라고요. 과연 그렇다는 기분이 들었습니다. 톤이라는 단어는 음악적인 단어인데, 소리로 생각해가는 일도 있으신까요?

김중혁 네, 많습니다. 제가 『악기들의 도서관』이라는 책을 쓰게 된 이유도 아까 말씀드린 것처럼 제가 잘 모르는 이야기를 잘 모르는 방식으로 잘 모른 채 하고 싶다고 한 것과 비슷해요. 음악은 눈에 보이지도 않고 문자로 설명하기도 힘들고 그림으로도 그리기 힘들기 때문에 오히려 더 이야기하고 싶어지는 대상인 것 같습니다. 그리고 소설을 쓸 때도 제 소설에 특별한 상표를 쓰지 않는데요, 예를 들면 '아이폰'이라고 쓰지 않는 이유가 있습니다. 아이폰이라고 쓰면 모든 사람이 곧바로 아이폰을 떠올려 쉽게 설명할 수 있지만 그보단 '네모난 직사각형 기계에 동그란 홈 버튼이 있고' 등의 세부적인 표현을 하면서 그 대상을 설명해주면 오히려 읽는 사람들이 그 대상을 낯설게 바라보기 때문에 그런 방법을 썼어요. 그래서 제가 쓰고 싶은 소설이나 제가 좋아하는 소설은 실제 있는 것을 상상한 소설이 아니라 상상한 것이 실제인 것처럼 느껴지는 소설입니다. 그런 소설을 쓰고 싶습니다.

요리후지 그렇군요. 지금 상당히 감명을 받았습니다. 아이폰이라는 단어를 쓰면 아이폰이라는 물건의 톤이 사라져버린다는 거네요.

김중혁 그래서 소설을 쓰면서도 한계를 느끼고, 개인적으로 최고의 예술이 음악이라고 생각했습니다. 눈에 보이지 않는 질감을 만들어 그걸로 감동을 느낄 수 있게 한다는 데서 최상의 예술처럼 느껴집니다. 절대 이루어지지 않겠지만 나중에는 제 소설이 한 편의 음악처럼 질감만 남아 있고 문자는 사라지는 그런 소설이 되면 좋지 않을까 생각합니다.

요리후지 저에게 중혁 씨의 작품은 이미 그런 소설입니다. 그러니까 구체적인 질문은 전혀 할 수가 없네요. 다 읽고 나면 소리만 느껴져서 '이 작품에 대해 이야기하기는 어렵겠다' 하고 생각했죠.

김중혁 제 소설을 읽은 분들 중에는 분페이 씨 같은 분들이 있는가 하면 '이게 끝이야?' '이게 다야?' 하는 분들도 계십니다. 그분들 입장도 충분히 이해합니다. 하지만 저는 분페이 씨 같은 분들을 사랑할 수밖에 없습니다.(웃음) 예술가 혹은 창작자는 자신이 지향하는 궁극의 목표가 있을 텐데 분페이 씨는 어떤가요?

요리후지 　맞아요. 제 경우에는 기분으로 있어요.(웃음) 쪼끄만 입자가 되고 싶은 느낌이 있습니다. 먼지가 왕창 피어오르면 역광으로 먼지가 보이잖아요. '그 느낌 참 좋다' 하고 생각합니다.

김중혁 　자신의 전생을 알아보는 웹사이트가 있었습니다. 거기에 생년월일과 이름을 입력하면 자신의 전생이 나옵니다. 제가 전생에 인디언 마을의 먼지였다고 합니다.(웃음)

요리후지 　그럼 서로 통한다는 얘기네요.(웃음)

김중혁 　그 얘길 듣고 저는 너무 좋았던 것이, 제가 전생에 햇볕을 받고 반짝반짝하면서 인디언 마을을 떠돌고 있었다고 생각하면 기분이 좋아집니다. 다음 생에는 아마 우주의 입자로 태어나 있지 않을까요.(웃음)

요리후지 　좋네요. 될 수 있으면 산소가 있는 곳이 좋죠.(웃음)

김중혁 　하지만 입자에게는 산소가 필요 없는 거 아닌지?

요리후지 　그래도 산소가 있으면 좋겠어요.(웃음) 먼지였다니 부럽네요. 다음 생에는 정말로 먼지가 되고 싶습니다. 인디언 마을의 먼지라니, 근사하네요.

김중혁 　저는 그 웹사이트를 만든 사람이 더 근사하다고 생각합니다. 어

떻게 사람의 전생을 먼지라고 규정할 수 있는지, 그 상상력이 굉장히 놀라워요.(웃음)

요리후지 그러게요. 게다가 인디언 마을의 먼지란 말이죠.(웃음)

김중혁 그 웹사이트가 너무 좋아서 다음 생에 무엇으로 태어나는지 이야기하는 소설을 구상한 적도 있습니다. 밤에 생각한 아이디어가 대부분 그렇듯이, 다음 날 아침에 사라졌습니다.(웃음)

요리후지 다시 태어났을 때 먼지라면 어떡할까.(웃음)

김중혁 먼지는 생각이 없으니까 그냥 입자로 떠돌아다니다가 블랙홀로 사라지지 않을까 싶습니다. 실은 제가 다음에 쓸 소설이 우주에 관한 이야기여서 지금 우주에 관심이 많아요. 그런데 제가 구상하는 중에 〈인터스텔라〉〈그래비티〉〈마션〉 같은 대단한 영화들이 계속 나와서 주눅 들어 있는 상태입니다.(웃음) 아까 말씀드린 것처럼 우주의 어떤 상태를 상상해보는 것, 우주에서 지구를 내려다보는 일에 관심이 많거든요. 저는 나사ᴺᴬˢᴬ가 하는 일이 소설가들이 하는 일과 비슷하다고 생각했습니다. 우주를 관측하고 탐험한다고 인간에게 이익이 되는 일이 거의 없는데, 그래서 그런 데 돈 쓰지 말라는 사람도 많은데, 실은 우주를 탐험하는 것이 인간의 본성이자 굉장히 숭고한 일이라는 생각이 들거든요. 예를 들면 우주 탐험이나 우주개발 덕분에 진공청소기를 얻게 된 것처럼, 소설이라는 것이 쓸모없는 이야기처

럼 보여도 그걸 읽으면서 새로운 상상을 하게 되잖아요. 그래서
나사가 하는 일과 소설가들이 하는 일이 흡사하지 않나 생각합
니다.

요리후지 그렇군요. 그렇다면 디자이너는 어떤 일로 보이세요?

김중혁 사실 디자이너가 되는 게 어릴 때 꿈이었기 때문에 관심이 많아
요. 우리가 평면으로 보는 세상을 반대쪽에서 보여주거나 우리
의 2D였던 눈을 3D로 만들어주는 게 디자이너가 하는 일 아닐
까 생각합니다. 잘못 만들어진 3D 영화는 어지럽기만 한데 잘
만들어진 3D 영화는 우리의 현실과 실제가 더 크게 느껴지게
합니다. 작가로서 비유를 드는 게 버릇이 돼버려서 자꾸 비유를
써 죄송합니다.(웃음)

요리후지 저도 거의 8할은 비유라고 생각합니다.(웃음) 비유를 쓰지 말고
얘기해달라는 소릴 들으면 아무것도 얘기 못해요. 그냥 전부 비
유예요. 우주로 얘기하자면, 앙리 베르그송이라는 철학자의 책
을 읽은 적이 있습니다. 인간이란 존재에 대해 '당신들은 이 지
구 위를 시속 몇 킬로미터로 이동하고 있는 것이다' 같은 얘기가
쓰여 있어요. '철학자는, 인간은 어떤 공간을 엄청난 속도로 회
전하고 있고, 게다가 태양의 주위를 회전하는 존재다. 그걸 먼저
상상할 때, 그때야말로 인간이란 존재에 대해 생각하는 게 가능
하다' 하는 이야기가 인상적이었습니다.
저는 우주를 상상할 때 동적인 것을 떠올립니다. 상상하는 건

스케일이 커서 어렵지만, 유튜브에서 굉장히 좋은 걸 찾아냈습니다. 그 CG 동영상에서는 100배속 정도로 지구가 태양 주위를 돌고, 지구 주위를 달이 돌고, 그 위에는 커다란 은하를 태양계 자체가 회전하고 있어요. 태양의 먼지들이 태양 주위를 빙 하고 나선을 그리면서 뻗어갑니다. 저는, 우주라는 건 광대한 게 아니라 확 하고 작렬하는 거라는 인상을 갖고 있습니다.

김중혁   저도 우주에 대해 비슷한 인상이에요. 보이저호가 지구를 찍어서 우리가 여기 살고 있다는 것을 밖에서 보여준 것처럼, 우리는 현재를 정적으로 느끼지만 실은 굉장히 동적이라는 걸 늘 생각하게 만드는 것이 우주의 힘이라고 생각합니다. 우주비행사들이 우주에 다녀온 다음에 종교에 빠지는 경우가 많다고 해요. 지구를 바깥에서 바라보면 그 동적인 삶을 마치 신이 되어 함께 마주하는 느낌이 들기 때문이라고 하는데, 저는 우주라는 대상을 생각하기만 해도 현기증이 느껴집니다. 저한테는 그게 우주인 것 같습니다. 그런데 왜 우리가 우주 얘기를 하고 있죠?(웃음)

요리후지   모르겠습니다.(웃음)

* * *

관객 1   아까 김중혁 씨께서 이미지가 문자로 떠오른다고 하셨습니다. 김중혁 씨께서 그리시는 일러스트의 이미지도 문자인 걸까요?

김중혁   제가 일러스트레이터로서 얘기하기에는 너무 대단한 분을 앞에 두고 있어서 어렵네요.(웃음) 저는 역시 소설가라서 문자로 떠오르는 경우가 많습니다. 낙서를 할 때도 그림을 그릴 때도, 뭔가를 만들고 싶다고 생각할 때는 90퍼센트 이상 문자로 떠오릅니다. 저도 낙서를 매우 좋아하는데요, 낙서의 형태를 생각해보면, 어떤 문장을 쓰면서 낙서를 하고, 그 문장이 그림이 되고, 그 그림이 이야기가 되는 경우가 더 많습니다.

관객 2   요리후지 분페이 씨의 팬입니다.『쾌변 천국』이 출판됐을 때 한국에 유학 중이었는데, 한국의 책방에서『쾌변 천국』을 읽고 주위 사람들 눈치를 보면서 대폭소를 터뜨린 기억이 있습니다. 앞으로 한국에서 하고 싶은 것, 한국 분과 해보고 싶은 것이 있나요?

요리후지   저는 한국에 한 번도 가본 적이 없어서 거의 미지의 영역이네요. 우선 한국에서 무언가 할 거라면 중혁 씨와 뭘 할지부터…….(웃음)

김중혁   전 하고 싶은 게 너무 많습니다.(웃음)

요리후지   부디 잘 부탁드립니다.(웃음) 할 수 있다면 한번 중혁 씨의 문장에 삽화를 그리고 싶습니다. 저 자신은 설명적인, 도면적인 것을 그리는 일을 일반적으로 하고 있지만 제가 정말 좋아서 그리는 그림은 어쩌면 음악을 표현하는 데 상당히 잘 맞을 거라고 생각합니다. 그건 외부에 공개한 적이 거의 없는 종류의 표현 방식입니다. 중혁 씨의 문장을 읽으면서 저는 상당히 딱 맞아떨어지는 삽화를 그릴 수 있지 않을까 싶은 기분이 들었습니다.

김중혁   이 대화는 녹음되고 있습니다. 녹음 파일을 한국의 출판사에 보내도록 하겠습니다.(웃음)

요리후지   부디 부탁드립니다.(웃음)

관객 3   김중혁 씨의 소설을 읽으면 불가사의한 주인공이 김중혁 씨 자신과 겹쳐 보입니다. 캐릭터를 만들 때 대여섯 명의 인물을 섞는다고 하셨는데, 그중 한 사람에 작가님이 아주 조금은 들어 있지 않을까요? 아니면 순전히 관찰자의 입장에서 쓰고 계신가요?

김중혁   많은 분들이 말씀하시는데 그림을 그리다 보면 그린 사람의 얼굴과 닮는다고 하더라고요. 『악기들의 도서관』 같은 경우에는 주인공이 '나'이거나 남자이고 해서 김중혁이라는 작가의 취향이나 세계관이 많이 투영된 것 아니냐는 질문을 많이 받았습니다. 당연히 그런 부분이 있었고요. 그런 작품을 쓸 때는 제가 자연스럽게 투영되기를 바라면서 쓰는데, 그 후 작품집이 두 권 더 나왔습니다. 최근 작품은 거기서 아주 멀리 떨어진 곳에서 소설을 쓴다고 생각했습니다. 그런 의미에서 신작도 함께 읽어주시면 좋겠네요, 라고 일본의 출판사에도 전하고 싶습니다.(웃음)

관객 1   두 분 다 어떤 기분을 자아내는 작품을 만들고 싶다고 얘기하셨는데, 말의 힘은 강하기 때문에 말로 옮기면 역시 분위기가 그 말에 쏙 빨려들어 딱딱하게 돼버리는 듯한 기분이 듭니다. 그래서 소설은 분위기를 남긴다는 것과 어떤 의미에서 모순이며 상충되는 느낌이 드는데, 어떤 식으로 작업하고 계신가요?

김중혁   저는 그래서 소설이 매력적인 장르라고 생각합니다. 예를 들면 희곡은 그 사람의 감정 상태가 지문에 드러나 있습니다. '굉장히 놀라며' '화난 목소리로' 같은 것들이 지문으로 나옵니다. 그런데 소설에서는 그 감정 상태를 읽는 사람이 상상해야 합니다. '대체 왜 이래'라는 문장이 있다고 치면 '대체 왜 이래!' 하고 짜증 섞인 말로 느낄 수도 있고 큰소리로 화내는 것처럼 느낄 수도 있습니다. 감정 상태마저 독자가 읽는 방법에 따라서 달라지기 때문에, 소설을 쓸 때도 오히려 감정을 지문처럼 정확하게 드러내지 않고, 독자가 감정을 함께 느낄 수 있도록 멀리 떨어져서 보여주는 게 좋다고 생각합니다. 그래서 저는 말씀하신 것처럼 소설이라는 장르가 기분과 충돌하지는 않는다고 생각하고, 그렇기 때문에 다른 장르에 비해서 더 재미있고 매력적인 장르가 아닌가 싶습니다. 다만 제가 소설을 쓰는 방식이 유일한 방식은 아닙니다. 어떤 소설가들은 사건에 더 가까이 다가가서 더 화를 내고 분노하는 소설을 쓰기도 하지요. 제가 쓰고 있는 소설, 쓰고 싶어 하는 소설이 말씀드린 듯이 한 발짝 떨어진 기분에 관한 소설이기 때문에 그렇게 쓰기를 원할 뿐입니다.

요리후지   오늘 감사했습니다. 다음번 서울 대담에서는 질문 마귀가 되어

연달아 질문하고 싶습니다.(웃음)

김중혁 다음 진행자는 저니까, 제가 허용하지 않을 것입니다.(웃음)

6개월 뒤, 정반대의 계절에 두 사람이 서울에서
다시 만났다. 6월의 어느 주말 홍대입구역 근처의
북카페에서 열린 대담. 어제 만난 사이처럼 사사로운
안부와 웃음을 나눈 두 사람은 "아저씨들의 대화"를
자처하나 이내 창작의 비밀이며 자세, 윤리,
돈 문제까지 여러 고민거리를 함께 짚어보는데……

먼지가 되고 싶다

우리의 시간 경험이 빚어낸
우주 반대편의 원풍경

두 번째 이야기
2016년 6월 18일 토요일
카페숨아, 서울

김중혁　　우선 도쿄에서 했던 대담에 대해 조금 이야기하고 싶습니다. 도쿄에서는 요리후지 분페이 씨가 사회를 보고 제게 질문을 던져주셨습니다. 오늘은 제가 사회를 보고 질문하는 자리입니다. 한국에 분페이 씨의 팬이 많다고 들었습니다. 여러분도 물어보고 싶은 게 많겠죠. 저의 질문과 여러분의 질문을 섞어서 드리면 좋을 것 같습니다.
　　분페이 씨는 한국에 오신 게 처음입니다. 처음 온 사람에게 꼭 묻고 싶은 질문이 있잖아요, 그런 상투적인 건 묻지 않겠습니다.(웃음) 우선 한국에 대한 첫인상과, 어제 마포 돼지갈비를 드셨는데 그 감상을 물어보고 싶습니다.

요리후지 처음 뵙겠습니다. 요리후지 분페이라고 합니다. 저는 처음 한국
에 왔습니다. 공항에서 차로 서울 시내에 왔습니다만 전에 온 적
이 있는 장소 같은 그런 인상을 무척 강하게 가졌습니다. 공간
을 이동해서 왔다기보다, 시간이 다른 장소로 확 어긋난 듯한.
뭐랄까, 전에 어디선가 본 적이 있거나 들은 적이 있는 거리에
섞여든 인상을 가졌습니다. 말로 표현하기 어렵지만 '그리운 장
소에 왔다' 하는 게 저의 첫인상이었습니다.

김중혁 지난번 일본 행사에서 있었던 날카로운 질문부터 시작을 해볼
게요. 질문 시간에 어떤 분이 손을 들고 일어나서는 "왜 두 분은
플래카드에 있는 모습과 실물이 그렇게 다릅니까?" 하고 질문하
셨습니다.(웃음) 그래서 제가 당황하면서 "사진과 실물은 다를
수 있다. 시간이 지났다"라고 말씀을 드렸는데, 날카로운 질문이
었던 기억이 납니다. 분페이 씨가 언젠가 한국에 와본 적이 있는
것 같다고 하셨는데, 우리 두 사람도 어디선가 만난 적이 있는
듯한 아저씨들입니다.(웃음) 굉장히 흔한 얼굴을 하고 있죠. 그냥
동네 아저씨들의 대화를 듣는 것 같은 기분으로 들어주시면 좋
겠습니다.
분페이 씨 책이 한국에 여러 권 나와 있습니다. 저는 대부분 봤
는데 그중에서도 『낙서 마스터』라는 책을 좋아해서 전부터 알
고 있었습니다. 그림에 대한 사전 같은 책이거든요. 한국에서 책
이 나오고 독자를 처음으로 만나시는 건데, 책 소개를 일단 부
탁드리겠습니다.

요리후지 『낙서 마스터』는 처음 그림을 그리는 사람을 위한 책입니다. 그림을 그린다는 것은 무척 높은 허들을 뛰어넘는 일이라고 흔히 생각하고, 실제로 선을 이어서 어떤 그림을 만든다는 건 글자를 쓰는 것보다 조금 다른 머리 사용법이 필요한데, 그 머리 사용법이 어떤 것인지를 하나하나 해설한 책이라고 말할 수 있을 것 같습니다.

그림을 그릴 때, 예를 들면 봉 위에 복슬복슬한 것을 그리면 나무로 보이죠. 거꾸로 말하면, 나무를 그림으로 그리겠다고 생각할 경우 '직선적인 원통에 복슬복슬' 하는 식으로 자기 눈이 보는 거예요. 나무를 자기가 해석하지 않으면 그릴 수 없는 거죠. 즉, 그림을 그린다는 것과 사물을 어떻게 보는가 하는 것은 거의 같다고 할 수 있습니다. 그 언저리까지 파고들어서 다룬 내용입니다.

김중혁 저도 그림을 좀 그립니다. 잘 그린다는 얘기가 아니고, 그냥 그림을 그립니다.(웃음) 지난 대담 때도 느꼈지만 굉장히 재미있는 생각을 많이 하시는 것 같아요. 누군가 자동차 그림을 아무리 잘 그렸어도 백미러를 그리지 않으면 잘 그린 그림이라고 할 수 없다는 이야기를 책에도 쓰셨는데, 단도직입적으로 어떻게 하면 그림을 잘 그릴 수 있습니까?

요리후지 그것은 굉장히 듣기 좋은 답을 할 수도 있고, 그냥 현실적인 답을 할 수도 있다고 생각합니다. 첫째는 우선 뭐라도 좋으니까 그려보는 것. 그림을 잘 그리고 싶으면 좋아하는 것을 잘 보고 그것을 그리는 게 지름길이라고 생각합니다. 현실적인 답변은, 그림을 잘 그리고 싶으면 어쨌든 긴 시간 많은 훈련을 쌓아야 한다고 생각합니다.

김중혁　괜히 물어봤습니다.(웃음) 저는 『낙서 마스터』를 읽고서 저의 소설이나 산문을 보고 많은 분들이 하시는 말씀과 비슷한 생각이 들었는데요, 제 산문을 보면 "이건 나도 쓰겠다. 이건 나도 그리겠는데?"라고 많이들 이야기하십니다.(웃음) 제 소설도 그런 이야기를 듣는 편이에요. 제 소설을 읽으면 뭔가 "소설을 쓰고 싶어진다. 글을 쓰고 싶다"라는 이야기를 많이 하시더라고요. 그런 면에서 약간 비슷한 느낌이 있습니다. 『낙서 마스터』라는 책을 보고 있으면 그림을 그리고 싶고, 무엇인가를 끄적이고 싶고, 그래서 입문용으로 굉장히 좋지 않나 싶으면서도 그 속에 있는 구도나 깊이가 대단하다는 생각을 합니다.

그런데 후기를 보면 『낙서 마스터』 이야기를 하시면서 에로틱하고 기괴한 그림을 그리고 싶었는데 그건 빠졌다고 이야기하셨어요. 어떤 것이 빠졌는지, 그때 말씀하신 '에로틱'이라는 게 무엇인지?

요리후지　제일 받고 싶지 않은 질문이네요.(웃음). 그림으로 소개할 수 없다는 것은 말로도 좀처럼 하기 힘든 내용이라는 얘긴데요. 몇 개 정도만 얘기하자면, 그로테스크한 그림이라면 저는 내장이 튀어나와 있는 그림을 꽤 좋아하거든요. 아마 이거 들으면 다들 싫어지실 거라고 생각합니다.(웃음) 그래서 말하기가 쉽지 않은 거죠. 에로틱이란 것과 내장이 나온다고 하는 것이 한 세트가 돼 있어요. 무척 변태스러운 이야기이기 때문에 책에는 싣지 않았습니다. 괜찮아요?(웃음)

김중혁 내장 이야기를 하셨지만, 책에 그러한 인체나 인체의 내용물에 대한 이야기들이 꽤 많이 나옵니다. 장기와 같은 것들. 그런데 그 그림이 무척 귀여웠습니다. 귀엽다고 하면 약간 이상할 수도 있겠고, 제가 이렇게 이야기하면 비슷한 사람이 될 것 같은데요(웃음), 아름답습니다. 왜냐하면 인간 몸의 섬세한 디테일을 그린다는 것이 참 아름다운 일이잖아요. 그래서 그러한 그림을 보고 저는 아주 좋았고, 더 에로틱한 무엇이 있다면 대체 어떤 것일까 궁금했던 것이죠.
아까 말씀해주신 백미러 이야기와 비슷한데, 그림을 보면 그 사람이 어떤 사람인지 알 수 있다고 생각하시나요? 그림으로 표현된 것이 그 사람을 드러내는지? 아마 많은 사람의 그림을 보셨을 텐데, 그 사람이 그린 그림과 그 사람의 관계가 어떤지 여쭤보고 싶습니다.

요리후지 그림을 보면 상당한 부분까지 알 수 있다고 생각합니다. 그리는 순서로도 많이 알 수 있어요. 예를 들어 유리컵이 있다고 할 때, 컵 전체를 그리고 나중에 순서대로 디테일을 그리는 사람이 있죠. 반면에 위부터 아래로 계속 스캔해서 디테일을 그려가는 사람도 있습니다. 전체부터 봐가는 사람의 경우 말이 살 나오지 않고 사물을 조금 머뭇거리면서 이야기하는 경향이 있습니다.

거꾸로 디테일부터 봐가는 사람은 굉장히 논리적이고 엄청난 기세로 말이 나오는 사람이 많습니다. 다만 만나서 무척 기분이 좋았거나 전체 인상을 제대로 잡아내는 것은 전체를 보는 사람이죠.

중혁 씨의 그림 중에 CD 플레이어를 그린 것이 있습니다. 그 플러그의 구조를 제대로 그린 걸 보고 '스캔하는 눈을 갖고 있는 사람이구나' 하고 느꼈습니다. 그러니까 '말이 많이 튀어나오는 타입의 관찰 방식을 하고 있구나' 하고 느꼈습니다. 한편으로는 선과 선을 제대로 잇지 않고 조금씩 자르듯이 그리고 있기 때문에, 단단히 굳은 형태로 설명이 과도하게 붙는 것에 대해 위화감을 갖고 계시다고 느끼기도 했습니다. 사물의 디테일을 보고 있지만 그것에 의해 전체가 설명되는 것에는 조금 위화감을 갖고 있기 때문에, 전체로서는 한 번 더 재검토하는 식으로 사물을 고찰하고 계시는 게 아닐까 하고 저는 그 그림에서 느꼈어요.

김중혁 서울에 점집을 하나 내셔도 좋을 것 같습니다.(웃음) 제가 말은 잘 못지만 호감형이다, 이런 말씀을 해주셨는데 왜 그런지 이제 알겠습니다. 그리고 제 소설이 어딘가 하나 비어 보이고 이상하게 허술하다는 이야기를 많이 듣는데 그 이유도 이제 알 것 같습니다. 오늘 큰 깨달음을 주셨어요.(웃음)

지난번 일본에서는 창작에 대한 이야기를 나누었습니다. 창작의 습관, 비밀, 이러한 이야기를 많이 나누었는데 그 이야기를 여러분께도 소개하고 싶습니다. 깊은 감명을 받았던 것이, 분페이 씨 사무실에 갔을 때 독서 카드를 하나 보여주셨어요. 책을 한 권 읽으실 때마다 책 내용을 무척 꼼꼼하게, 그림도 그리고 표도 그리고 메모도 하면서 챕터별로 정리하신 겁니다. 일단 그림을 잘 그리시니까 예뻐요, 카드들이. 그리고 글씨도 잘 쓰셔서 막 탐이 났는데, 이거를 그냥 책으로 내도 새미있겠다는 생각이 들 정도였어요. 그런데 하나의 아이디어를 떠올리거나 텍스트를 대하고 재해석하는 자신만의 방법이 있다는 말씀을 들었거든요. 그런 식의 방법, 책이나 영화나 여러 가지 경험을 아이디어로 구체화하는 노하우가 있으면 말씀해주세요.

요리후지   음, 어려운 질문이네요. 아까 그림의 예로 말하자면 저는 위부터 아래까지 정말로 전부 완벽하게 스캔해서 그려버리는 식입니다. 공부법도 마찬가지인데, 한 권의 책을 작은 카드로 만들어서 한 줄씩 거기 쓰인 내용을 파악하는 식으로 독서를 합니다. 잔뜩 스캔해서 늘어놓고 전체를 죽 바라보고 있으면 어느 순간 전체상이 쉭 하고 형태를 드러낼 때가 있어요. 그 순간 제 머리나 몸에 대체 무슨 일이 일어난 것인지 꽤 관찰해보았습니다만 아직 정확히 파악된 적은 없습니다.

김중혁   그게 파악되면 그걸 책으로 내실 생각은 없습니까?

요리후지   아마 깨닫기가 무척 어렵다고 생각합니다. 하지만 혹시 깨달으면 꼭 책으로 정리해보고 싶습니다.

김중혁   기대하겠습니다. 저한테도 소설의 과정을 물어보시는 분들이

요리후지 분페이의 독서 카드와 필기구.

'도쿄메트로 매너 캠페인' 포스터.

많지만 저 역시도 잘 모르겠다고 대답을 하곤 하는데, 그게 잘 몰라서이기도 하지만 말로 설명하기가 쉽지 않기 때문이라는 생각도 들어요.

아까 처음에 소개하실 때 '도쿄메트로 매너 캠페인'의 그림을 보여주셨는데, 저는 그 그림이 참 재미있기도 하지만 놀랍다는 생각이 들었습니다. 왜, 보통 금지하는 캠페인은 "~를 하지 마세요"라고 하잖아요. 그런데 그 매너 캠페인을 보면 어떤 사람이 헤드폰을 크게 듣고 있는데 "집에서 하세요"라고 합니다. 하지 말아야 할 행동이라는 게 아니라 장소가 잘못 되었다는 이야기를 하는 것입니다. 다리를 쩍 벌리고 있는 아저씨도, '괜찮다, 집에서만 한다면. 밖에서는 하지 말라' 이런 이야기거든요. 그걸 살짝 보여줬을 뿐인데 거기에 엄청나게 많은 것이 들어가 있는 것 같아요. '무엇인가 창작할 때 이 창작물에 최소한의 윤리 의식이 있어야 하지 않느냐'라는 생각을 많이 하실 것 같습니다. 윤리 의식이라는 말이 조금 모호합니다만. 창작물을 낼 때 생각하시는 것들에 대해 들어보고 싶습니다.

요리후지 윤리라고 하면 상당히 어렵고 커다란 얘기가 된다고 생각하지만, 디자인이 일이기 때문에 'A와 B 사이에 있는 a' 같은 포지션에서 저는 언제나 일을 합니다. a라는 건 반드시 A와 B 양자를 잇는 포지션입니다. 그렇다고 하면, A와 B 사이에 갭이 있을 때 그 갭을 더 벌리는 작용을 하든지 좁히는 작용을 하든지, 크게 둘로 나누어볼 수 있다고 생각합니다.

광고 일이라면 'A 상품은 B 상품보다 훌륭하다'라고 갭을 크게 하는 쪽으로 생각을 진행시키는 일이 무척 많죠. 반면 도쿄메트로 캠페인 일 같은 경우는 '매너를 지키는 사람과 매너를 지키지 않는 사람 A, B가 있다면 그 갭을 어떻게 좁힐까' 하는 형태로 생각합니다.

기본적으로 저는 벌어져 있는 갭을 어떡하면 닫을 수 있을까 하는 데 제 디자인의 의의를 둡니다. 그것이 디자이너에게 있어서 가장 소중한 일을 대하는 자세라고 생각합니다.

김중혁 그렇군요. 일하는 자세라는 데서 하나 더 여쭤보고 싶은데요, 어떤 일을 하고 어떤 일을 하지 않는가에 대한 기준을 세우기가 늘 어렵거든요. 들어오는 일을 다 할 수는 없고. 일을 선택하는 기준이 무엇인지 여쭤보고 싶습니다.

요리후지 하나는 부탁한 사람과의 관계를 크게 봅니다. 또 하나는 일의 내용이랄까, 그 일이 달성하지 않으면 인 되는 내용인지, 그 목적에 내가 공감하는지 보고요. 그 두 개가 큰 기준이라고 생각합니다. 세 번째는 내가 피곤한 상태인지 아닌지 하는 점. 어쩌면 그게 첫 번째인가 싶은 생각도 들어요.

김중혁 저도 아침 11시에 누군가 청탁을 하면 대부분 거절합니다.(웃음) 최고로 피곤한 상태이기 때문에. 하지만 오후 4시쯤 연락이 오면 일을 할 수 있는 확률이 높아지고요. 6시부터 7시까지가 확률이 제일 높은 것 같으니까 저에게 일을 맡기실 때에는 감안하시면 좋을 것 같습니다.(웃음) 이렇게 이야기하시니 궁금한데, 돈은 별로 중요하지 않습니까? 돈을 많이 주느냐 적게 주느냐 하는 것들.

요리후지 그러게요. 돈 문제를 생각하지 않았네요.(웃음) 아니, 돈 중요합니다. 하지만 돈의 크기라고 하는 건 제 경험상 돈이 되는 일일수록 그 목적은 그리 대수롭지 않고, 돈이 안 되는 일일수록 그 목적에 공감하는 일이 많네요.

김중혁 저도 그랬던 것 같습니다. 두 개가 합해지면 얼마나 좋을까요. 목적도 좋고 돈도 많이 주면 좋겠지만 그런 경우는 별로 없는 것 같아요. 말씀하신 1번, 관계, 2번, 내용, 3번, 피곤도 중요하겠지만 이면에는 돈 문제가 조금은 있는 것 같고, 제가 일을 고를 때도 그런 것 같습니다.

지난번에 우리가 딴 이야기를 계속하다가 결국 다다른 곳이 우주였습니다.(웃음) 우주에 대한 관심을 마구 이야기했는데, 나중에 입자가 되고 싶다, 먼지가 되고 싶다, 이런 이야기였죠. 최근에 관심을 가지게 된 주제로는 어떤 것들이 있는지, 역시 여전히 우주를 바라보고 계신지 궁금합니다. 어젯밤 서울의 하늘은 한번 보셨는지요?

요리후지 서울 하늘을 볼 틈도 없이 자버렸습니다.(웃음) 저는 늘 많은 것에 관심이 있는데 그 관심이 두서가 없는 거예요. 우주에 대한 관심은 이제 끝났어요.(웃음)

저는 지금 어떤 의미에서 우주의 반대편이랄까 '원풍경原風景'에 관심을 갖고 있어요. 자신이 태어나서 자란 시간의 경험이, 꽤 긴 시간이 흐르면 녹아서 합쳐져 자기 안에 어떤 독특한 원풍경이 되는 듯한 기분이 듭니다. 그 원풍경과 접속한 아이디어와 접속해 있지 않은 아이디어가 둘로 명확히 나뉘어 있다고 저는 아주 강하게 느낍니다.

도쿄메트로의 포스터를 만들 때는 제 원풍경과 분명히 접속해 있다고 강하게 느꼈어요. 그런 때는 돈이라든지 그런 것은 아무래도 괜찮아요. 심지어 포스터가 될지 어떨지도 어찌 되든 상관없어져서, 어떤 평면을 만들어가는 일에 엄청나게 열중하는 상태가 됩니다.

어떤 원풍경과 연결되었는가 하면, 예를 들어 제 아버지는 '지우개를 깜빡한 사람에게는 지우개를 빌려줘라' 하는 사람이었죠. 그런데 학교에 가면 '지우개를 깜빡한 아이에게 지우개를 빌려주면 안 된다' 하는 거예요. 지우개는 빌려주는 게 마땅하다고 생각했던 당시의 제 벌떠름한 기분이 하나의 원풍경 요소가 됐다고 여겨집니다. 그런 원풍경과 포스터의 아이디어가 강하게 이어졌다고 저는 무척 강렬히 느꼈습니다. 그런 때는 깜짝 놀랄 만큼 에너지가 나오고, 그렇게 해서 만들어진 것은 어째선지 많은 사람에게 격하게 공감을 받는 것 같은 기분이 듭니다.

김중혁   저는 원풍경이라는 말을 여기서 처음 들어보는데, 굉장히 와닿습니다. 원풍경 독점 사용권을 저에게 주시면 제가 한국에 퍼트려보겠습니다. 괜찮으시겠어요? 여러분이 쓰시면 안 됩니다. 제가 쓸 겁니다.(웃음)
저도 어떤 일을 받았을 때 분페이 씨가 말씀하신 원풍경이라는 것에 의거해서 많이 하게 되는 것 같습니다. 왜인지 모르지만 정말 하고 싶어지는 일들이 있는데 그것들이 말씀하신 것들과 비슷하지 않나 싶습니다.
궁금한 게, 저는 일본을 많이 가보았고, 좋아하는 부분도 여럿 있고, 뭐랄까 마음에 안 드는 부분도 있고 그런데, 분페이 씨 생각에 최근 일본에서 변화가 일어나고 있다면 그 변화에서 좋아하는 변화 그리고 좋아하지 않는 변화, 그런 것들을 이야기해주시면 좋겠습니다.

요리후지   저는 어느 쪽인가 하면 좋은 변화보다는 나쁜 변화 쪽에 시선을 두고 있어서 좋은 변화는 좀처럼 발견하기 어렵습니다. 바로 떠오르지 않네요. 나쁜 변화라면, 늘 짜증을 내고 있다는 느낌이 해마다 강해지는 듯한 기분이 듭니다. 최근 일로 도쿄도지사가 사임했는데요, 사임에 이르기까지 미디어가 엄청나게 열을 올려서 어쨌든 사임해야만 끝나는 상태를 만들어버려요. 누구 하나 그걸 멈출 방도가 없을 만큼 에너지가 거대해져서, 냉정하게 보면 마쓰조에 지사가 한 일 자체는 역대 도지사 중에서 상당히 제대로 됐다고 생각합니다만, 그런 건 전혀 논의의 도마에 오르지 않죠. 공공의 돈을 가지고 아무래도 좋을 책을 샀다든지 사람됨을 신용할 수 없다든지, 그런 걸 두고 이야기가 끓어올라서 사임을 한 최근 뉴스가 있습니다. 저는 이건 나쁜 문화라 보는데, 많은 사람이 '강렬한 짜증스러움'을 품고 있어서라고 느끼고 있습니다.

아까 'a' 이야기를 했습니다만, 지금 인터넷이나 스마트폰으로 누구든 미디어를 손에 넣을 수 있으니 모든 사람이 a의 포지션이 될 수 있잖아요. 모두가 그 갭을 더 크게 만드는 쪽으로 미디어를 사용하는 건 굉장히 문제라고 생각합니다. 모두가 그 갭을 더 벌려라 벌려라 하는 식으로 가면 누구라도 나쁜 놈으로 만들 수 있어요. 저는 그런 변화, 그런 사람들은 좋아하지 않습니다. 그런 사람이 늘고 있어서 굉장히 싫은 기분입니다.

김중혁 말씀하신 예는 한국도 별반 다르지 않다고 생각합니다. 최근에 혐오 문제, 차별 문제 같은 것들이 다 비슷한 맥락 아닐까 싶어요. 말씀하신 것처럼 A와 B 사이의 거리를 좁히는 역할을 예술이 하면 참 좋겠는데 쉽지만은 않은 상태 같기도 해요. 저도 많은 생각이 듭니다.

아까 여러분이 쪽지로 적어주신 질문 한두 개만 제가 여쭤보았고요, 이것은 제가 여쒸보시 못한 질문입니다. "일러스드와 디자인 작업에 전공이 얼마나 영향을 끼친다고 생각하시죠? 대학을 포함해서요." 한국은 전공자가 아니면 무시당하는 경우가 많아서, 일본의 경우 어떤지 분페이 씨의 생각을 들어보고 싶다고 누군가 질문 주셨습니다.

요리후지   저는 한때 대학에서 시각전달디자인학과에서 비주얼커뮤니케이션 디자인을 공부했습니다. 다만 시각전달디자인이라는 개념 자체가 실은 전공 불가능한 것이죠. 너무나도 범위가 넓어서요. 그러니까 그것을 전공했다는 사람이 있다면 저는 거짓말이라고 생각합니다. 저의 일 자체가 분명 비주얼커뮤니케이션을 기축으로 하고 있습니다. 하지만 대학에서 공부한 것이 지금의 일을 뒷받침하고 있는가 물으면, 기술적인 지식에 관해서는 뒤에서 지지해주는 면이 있지만 그것 외에는 거의 유용하지 않다고 생각합니다.

김중혁   한 분이 "이야기에 교훈이 있어야 된다고 생각하시나요?"라고 물어보셨는데 이것은 저에 대한 질문이기도 하지만 분페이 씨께도 여쭤보고 싶네요. 어떤 작업을 할 때 독자 혹은 소비자, 불특정 사람들에게 자신의 작품이 교훈이 되어야 된다고 생각하시나요? 창작할 때 어떤 깨달음이나 메시지가 있어야 된다고 생각

         김중혁 × 요리후지 분페이

을 하시는지요?

요리후지 　'나는 알고 당신은 모른다'라는 관계를 토대로 '나는 알고 있으니까 모르는 당신을 가르친다'라는 포지션을 잡느냐, '나도 모르고 다들 모른다'라고 할 때 '나는 이렇게 생각합니다'라고 하느냐, 이 두 개는 질적으로 다르다고 생각합니다.
저는 중혁 씨의 소설은 전부 '나도 모르고 다들 아마 모른다. 나는 이렇게 생각합니다'라는 입장에서 쓰였다고 느낍니다. 그리고 저도 제 책에서는 가능하면 그런 식의 입장으로 생각을 합니다. 그러니까 '나는 알고 당신은 모른다' 관계를 가지고 아까 말한 갭을 만들고, 그 갭을 가치로 바꾸는 걸 저는 전혀 좋아하지 않습니다.

김중혁 　저에 대해서 그렇게 이야기해주시니까 아주 감사한데요. 하지만 저는 '모든 사람이 아는 것을 나만 모르면 어떡하지?'라는 악몽에 시달리고 있습니다. 괴롭습니다.(웃음) 도쿄에서의 대담에서 "중혁 씨의 책에 한번 그림을 그려보고 싶다"라고 이야기해주셨습니다. 잊지 않으셨죠?

요리후지 　물론 잊지 않고 있습니다.

김중혁 　피곤하지 않으실 때 연락 한번 드리겠습니다.(웃음)

요리후지 　알겠습니다.(웃음)

| 김중혁 | 여러분, 기대해주세요.(웃음) 그럼 질문이 있으면 해주세요. 웬만해선 만나기 힘든 분이고 한국에 처음 오셨습니다. 귀중한 기회라고 생각합니다. |

* * *

| 관객 1 | 안녕하세요. 요리후지 씨가 올해 4월부터 12월까지 휴식을 취하신다고 들었습니다. 쉬시는 동안 어떤 일을 하고 싶고, 쉬고 난 뒤에 어떤 작업을 하고 싶으신지요. |

| 요리후지 | 저는 우선 많이 자고 싶어서 쉬었습니다. 시간은 만들었지만 그만큼 일의 밀도가 더욱더 높아졌어요. 실제로는 전혀 휴가가 없어서 저 자신에게 실망하고 있습니다.(웃음) |
| | 아까 했던 갭 이야기로 말하자면, 디자인이라는 것은 줄곧 갭을 만들기 위한 일로서 발달해왔기 때문에 많은 작업에서 갭을 만드는 형태로 성립하고 있잖아요. 저는 그건 싫다고 생각해요. 그러니까 갭을 막는 쪽으로 작업을 만들어서 '이런 일이야말로 디자인입니다' 하는 게 제대로 뿌리내리도록 스스로 활동해야 한다고 생각합니다. 그러기 위해서는 일단락이 필요하기 때문에 쉬기로 했습니다. 휴가 중에 그 준비를 마치고, 휴가가 끝나면 그쪽을 제대로 해보려고 합니다. |

| 관객 2 | 안녕하세요. 저는 『낙서 마스터』를 무척 재미있게 읽었습니다. 챕터마다 그림에 대한 비밀이 숨어 있다는 생각이 들었는데, 마 |

지막 장에 요리후지 분페이 씨가 어렸을 때 이끼를 자주 관찰하고 거기서 상상을 많이 했다는 걸 보고 그게 가장 큰 비밀이라는 생각이 들었어요. 제 이야기를 조금 하자면, 제가 어렸을 때 오빠랑 같이 미술 학원을 다녔는데, 오빠는 색깔을 이상하게 칠하는 거예요. 저는 본 대로 칠하고 오빠는 이상하게 칠하고. 그래서 오빠한테 물어봤더니 오빠가 대답을 못하더라고요. 그런데 나이가 들어서 그게 색각이상이라는 생리학적인 이유 때문이란 걸 알게 됐어요. 제가 볼 때는 그 그림이 되게 재미있었거든요. 그래서 저는 미술을 하시는 분들이 그런 단점에 얽매이지 않았으면 좋겠다는 생각을 하게 되었어요. 제게 조카가 두 명 있는데 큰아이는 오빠와 똑같은 눈을 가졌고 작은아이는 저랑 같은 눈을 가졌어요. 그 아이들한테 어떤 이야기를 해주면 좋을지 선생님께서 같이 생각해주셨으면 좋겠습니다.

요리후지 그림 그리는 걸 사회적인 것으로 볼지 개인적인 것으로 볼지 하는 것은 서로 다른 면이 있습니다. 사회적으로 어떻게 볼 것인지는 제게 금방 답이 찾아지지 않습니다. 개인적인 것으로 본다면, 그 색이 제3자에게는 다른 색으로 보였다고 해도 본인에게는 그 색이고, 색을 찾아내서 물감을 풀고 거기에 색을 칠하는 경험은 결코 무엇 하나 남과 다르지 않으며 멋진 거라고 생각합니다.

색을 찾아내 색을 칠해가는 것은 제게도 그림을 그리게 된 최초의 입구였습니다. 아버지께서 작은 물감 세트를 사주시고는 "우선 보이는 대로 색을 칠해가거라" 하고 가르쳐주셨습니다. 처음 그린 것은 초록색 산이었습니다. 저는 산이 갈색으로 보였기 때문에 갈색으로 칠했습니다. 그다음에는 노란색이 보여서 노란색을 칠했습니다. 그다음 파란색이 보여서 파란색을 칠했고요. 그렇게 점점 색을 덧칠하다 보니 크게 보면 조금 녹색기를 띤 커다란 산이 그려졌어요. 그건 눈에 보이는 산과는 전혀 다른 것으로 상당히 이상한 색을 띠었다고 생각합니다만, 저는 그 산을 잘 보고 그릴 수 있었다는 실감을 가질 수 있었습니다. 아버지도 실물을 닮았건 닮지 않았건 제가 그렇게 그린 게 아주 훌륭하다고 평가해주었습니다. 그것은 저에게 강렬한 경험이 되었습니다. 그러니까 지금 여러분께서 고민하시는 것이 있다면, 보고 그린 것이 각각 훌륭하기를 바랄 뿐입니다.

김중혁 흥미로운 질문과 대답이 아닌가 싶습니다. 아까 저는 그 질문을 하실 때 오빠분 단점을 이야기하시면서 '그렇다면 분페이 씨의 단점은 무엇인가요?' 하고 질문하실 줄 알았습니다. 그렇다면 대신 제가 물어보겠습니다. 예술가로서 분페이 씨 본인이 생각하시는 단점은 무엇인가요?

요리후지 제 단점은 너무 많아요. 바로 대답할 수 없을 정도로 많습니다.(웃음) 저의 단점은 뭐랄까, 모든 게 단점, 아예 존재가 단점입니다.

김중혁 뭐라고 말씀드리면 좋을까요.(웃음) 존재 자체가 단점이라는 대답은 아주 인상적이기는 하지만, 그렇다면 장점은 무엇이냐고 물어보면 역시 존재 자체가 장점일 것 같아서 물어보지 않겠습니다.(웃음) 또 질문 있는 분?

관객 5 요리후지 씨의 팬입니다.『숫자의 척도』라는 책을 아주 좋아합니다. 정보를 재미있는 비유로 표현한 부분이 마음에 들었습니다. 이렇게 표현하기 시작한 계기를 듣고 싶습니다.

요리후지 저는 원래 사물을 파악할 때 비유가 아닌 형태로 파악하기가 불가능한 것 같습니다. 남의 기분 같은 건 실은 거의 알 수 없고, 시간 같은 것도 잘 안 돼요. '해 질 녘'이라면 저는 그 시간을 정확히 파악할 수 있습니다만 '저녁 6시'라면 실은 파악할 수 없음을 압니다.

비유로써 사물을 파악하는 것은, 그러지 않으면 저 자신도 모르기 때문이라고 말할 수 있습니다. 그러니까 사물을 보고 있어도 공간에 대한 느낌까지 전부 비유로 해두지 않으면 잘 파악할 수 없다고 할까요.

비유는 레토릭이라고도 말합니다. 레토릭의 방법은 이미 분류되어 있어서 레토릭만 연구한 사람도 있죠. 최근에는 레토릭 자체에 대한 문헌을 조사하고 있습니다. 레토릭을 사용함으로써 가능한 것이나 그 단점에도 눈을 돌려서, 그것을 테마로 책을 쓸 수 있지 않을까 생각합니다.

김중혁 『숫자의 척도』라는 책은 저도 흥미로웠습니다. 레토릭 이야기를 하셨는데, 일본 대담 때 분페이 씨의 하늘을 나는 듯한 비유 연발에 당혹스러웠던 기억이 있습니다.(웃음)

오늘 대화도 마칠 시간에 가까워지고 있습니다. 정말 좋은 시간이었다 생각하시는 분도 계실 것이고, 대담인 줄 알고 왔는데 속았다고 생각하시는 분도 계실 것 같습니다. 저는 오늘 제가 좋아하는 아티스트의 이야기를 많이 들을 수 있어서 참 좋은 시간이었습니다. A와 B의 갭에 대한 이야기는 아주 오랫동안 기억에 남을 것이고, 저도 비슷한 생각을 하고 있었기 때문에 그런 생각들을 발전시켜나가야겠다는 생각이 들었습니다. 마지막으로 한 분 정도 질문을 더 받을 수 있을 것 같습니다.

관객ㅣ 언제 일을 시작하셨는지 모르지만 20대에 디자인을 배우고 미술을 직업으로 삼으려고 했을 때, 자신의 호기심이나 감성이 이 일 때문에 소모되는 게 두렵다고 생각하신 적이 있나요? 지금 돌아보면 그런 감정마저도 20대에 경험해야 한다고 보시는지 궁금합니다.

요리후지 저는 오늘 질문들이 굉장히 예리해서 놀랐습니다. 질문 그 자체가 훌륭하고, 그 각도라고 할까, 말을 요약 정리하는 방법을 포함해 질문 방식이 다르구나 하는 걸 강하게 느낍니다.
지금의 질문에 답하면, 저는 학생 시절부터 선배의 광고 대리점 일을 도왔습니다. 정말로 피곤해지면 기침할 때 목의 혈관에서 피가 사방으로 확 튀는데요, 그게 예사인 상황에서 일을 했어요. 그러니까 피를 토하면 옆 사람이 "어, 피 토했네?"라고 말하는 환경이었어요. 모두들 그랬죠. 매일매일 엄청나게 바쁠 때 '나 자신'이라는 것을 갖고 있으면 너무 괴롭기 때문에 '나'라는

김중혁 × 요리후지 분페이

걸 아예 없애버리는 겁니다. 머신이 돼서 아무튼 이 미션을 완수하려면 어떡해야 좋을까 하는 것밖에 생각하지 않았죠. 그렇게 2년을 보냈습니다. 저는 그걸 두 번 다시 맛보고 싶지 않습니다만, 거기서 엄청나게 큰 도약을 했다고 생각합니다. 대부분의 괴로운 일은 그때 다 경험한 듯해서 그다음은 좀처럼 괴롭다고 느끼지 않게 됐습니다. 예를 들어 전혀 이해하지 못한다든지 바보 취급을 한다든지 혹은 자존심에 상처를 입히면서 말하는 사람을 만났다고 해도, 그런 사람은 옛날에 죽을 만큼 만나보았기 때문에 아무렇지도 않죠. 그래서 제게 화를 내기도 합니다만, '이건 화내는 편이 좋다고 생각하니까 화내는 거다' 하고 받아들이는 식이 됐습니다.

하지만 '그게 필요합니다'라고는 말 못하겠네요. 결국 목숨이 간당간당한 정도까지 가서, 그걸로 쓰러져서 잘못된 사람도 있었고. 그런 사람이 많은 상황이었습니다. 그것을 제가 좋다고 말할 수는 없어요. 다만 제게는 무척 힘이 되었고, 그것을 통과한 것에 의미가 있다고 생각합니다.

그러한 상황을 겪어도 감성은 전혀 사라지지 않았고, 닳아서 못 쓰게 되는 일도 없었죠. 그러니까 거꾸로 말하면, 아무리 지독한 환경에 있어도 자신의 감성은 마지막 기댈 곳이 되어줍니다. 감성이란 지켜서 소중히 할 것이 아니라 자신을 지탱해주는 힘이라고 생각하면 좋지 않을까 생각합니다.

김중혁 마지막 답변으로 어울리는 말씀 같습니다. 아까 대기실에서 오신 분들의 면면을 보시더니 "한국은 희망적이다. 저렇게 젊은 분들이 책을 많이 읽고 이렇게 오시는구나"라고 하셨어요. 일본의 경우에는 연령이 좀 더 높다고 하시더라고요. 그런데 심지어 질문까지 훌륭해 좋은 시간이었지 않나 싶습니다.

제가 지난번 만났을 때 헤어지면서 6개월 후에 일본어를 배우겠다는 망발을 했었습니다. 오늘 영어로 이야기했습니다.(웃음) 일본어를 못 배우고 있는데, 다음번 만났을 땐 일본어로 이야기할 수 있으면 참 좋겠어요. 끝으로 오늘 전체적인 이야기와 마지막 인사를 들어보겠습니다.

요리후지　우선 사회자로서 중혁 씨의 고도한 스킬에 엄청나게 놀랐습니다. 일본 대담에서는 제가 사회자 입장이었는데 질문도 제대로 하지 못해서. '아, 이렇게 했어야 하는구나' 하고 지금 통렬하게 느끼고 있어요.(웃음)

오늘 정말로 감사했습니다. 왠지 몰라도 지금 제가 무척 절실하게 생각하는 것들에 딱 들어맞는 질문을 중혁 씨가 생각해 와 주신 것에도 굉장히 놀랐습니다. 이야기를 하면서 제 안에서 정리된 것들이 많아 무척 의의 깊었습니다. 감사합니다.

김중혁　후회가 되시면 일본에서 한 번 더 하실까요?(웃음) 제가 생각해도 오늘 물 흐르듯 진행을 해서, 심지어 시간도 6시 정확하게 마쳤습니다. 사인을 받을 수 있는 시간까지. 이 훌륭한 진행자에게 박수는 필요 없습니다.(웃음) 혹시 진행자가 필요하시면 가는 길에 제게 연락처를 주세요.

저도 질문을 하면서 궁금했던 것들, 제가 요즘 고민하던 것들을 들을 수 있어서 아주 좋았습니다. 무척 즐거운 대담이었습니다. 감사합니다.

안기현
고시마 유스케

안기현　건축가, 한양대학교 건축학부 교수. 1976년생. 한양대학교와 미국 버클리대학교 건축대학원을 졸업했고, 2010년 'AnLstudio'를 설립해 실험적이고 다양한 스케일의 건축을 이어가고 있다. 2010년 인천대교 전망대〈오션스코프〉로 세계적 권위를 지닌 레드닷어워드(Red Dot Design Awards) 최고상을 받았고, 2016년 젊은건축가상을 수상했다.

고시마 유스케小嶋裕介　건축가. 1979년 미국 뉴저지 주에서 태어나 캐나다 토론토, 영국 맨체스터에서 유년을 보냈고 와세다대학교에서 건축을 공부했다. 독일 베를린에서 건축가 생활을 시작했고, 4년간 유럽 곳곳을 다니며 건축을 터득하고 일본에 돌아와 고시마 유스케 건축설계사무소를 차렸다. 건축과 함께 드로잉, 동판화 작업을 병행하고 있다. 지은 책으로『모든 이의 집』『환상 도시 풍경』등이 있다.

일본 고베에서 젊은 건축가 나가 기현과
고시마 유스케가 만났다. 다다미가 깔린
넓은 합기도장에 좌탁과 방석과 프로젝터만
놓고, 청중과 함께 신발을 벗고 앉아
스스럼없이 건축 이야기를 나누는 두 사람.
이들의 소박하되 강단 있는 철학이
조용한 공간을 은은하게 울리고……

창조하지만 우쭐하지 말 것

마음에는 언제나
스케치북과 조금의 두려움을

첫 번째 이야기
2015년 10월 29일 목요일
가이후칸게이료, 고베

고시마   고시마 유스케라고 합니다. 제가 쓴 『청춘, 유럽 건축에 도전하다』라는 책이 한국에서 발매되었습니다. 건축물은 움직이는 게 불가능합니다만 책이라는 것은 언어의 벽을 넘어 움직이는 데 대단히 감명을 받았습니다.

저는 1979년생으로 서른여섯 살이고 안기현 씨는 1976년생으로 서른아홉 살입니다. 실은 제게 1976년생 형이 있어서 동 세대랄까, 형아 같은 느낌이 듭니다. 형은 한국어로 '언니'였던가요? 아, '형'이네요.(웃음) 어쨌든 무척 친근감이 있습니다.

만나 뵙기 전에 왕복 편지를 교환했습니다. 그리고 이번에 안기현 씨가 일본에 오시고서는 교토의 일본 성원을 도는 등 여러 가지를 함께했습니다만, 일정 마지막에 저의 건축 데뷔작 '가이

134   안기현 × 고시마 유스케

후칸'을 부디 체험해주시면 좋겠다고 생각했습니다. 그러다 오늘 아침 안기현 씨가 가이후칸에서 있었던 아침 수련에 와주셔서, 도복을 입고 저와 함께 합기도를 체험했습니다. 놀랍게도 오사카의 호텔에서 5시에 일어나서 와주신 겁니다. 무척 귀중한 사흘이었습니다. 우선 안기현 씨가 어떤 건축에 관여해왔는지, 어떤 것에 관심이 있는지 하는 짧은 프레젠테이션을 부탁드립니다.

안기현 안녕하십니까, 안기현입니다. 이렇게 일본에 와서 고시마 씨를 만나서 이야기할 수 있게 되어 너무나 설레고 기쁜 반면 긴장도 됩니다. 먼저 제가 하는 일을 소개하겠습니다. 저는 2010년부터 'AnLstudio'라는 이름으로 이민수 씨와 함께 뉴욕에서 사무소를 시작했고 현재는 서울로 옮겨와 계속 작업을 진행하고 있습니다. AnLstudio에서 'AnL'는 제 성의 'A'와 파트너인 이민수 씨의 'L'을 따온 것이며 당시 급조한 이름입니다. 하지만 동시에 A는 'architecture', L은 'lust' 혹은 'life'라고 해서 건축에 대한 욕망, 건축 안의 삶을 표현하는 이름이라 계속 유지하고 있습니다. 한 가지 재미있는 것은 'lust'라는 말은 한국말로 해석하면 열정 혹은 욕망인데, 영어 단어로서의 정확한 의미는 성적인 욕구를 의미합니다.(웃음) 저는 다르게 받아들여지거나 중의적으로 쓰일 수 있다는 점이 싫지 않아서 'lust'를 강조하고 있습니다. AnLstudio는 이렇게 두 명의 파트너십으로 시작했는데 지금은 세 명의 파트너가 함께 협업하고 있습니다.

제가 처음 했던 프로젝트를 잠시 보여드리면, 첫 작업으로 인천 국제공항 근처에 있는 전망대(《오션스코프Ocean Scope》)가 있습니다. 이 프로젝트는 기존에 창고·저장고로 사용되던 컨테이너를 이용하여 모듈처럼 쌓고, 정형적으로 쓰던 용도에서 벗어나 컨테이너 자체를 하나의 도구로, 마치 망원경처럼 써보면 어떨까 하는 생각에서 작업했던 것입니다.

두 번째는 오스트레일리아 공모전에서 우승한 프로젝트(〈라이트웨이브Lightwave〉)입니다. 특히 덩그러니 비워진 공원 안에 어릴 적 많이 봤던 일본 애니메이션 〈원령공주〉, 즉 〈모노노케 히메〉에 나오는 도깨비가 사람들을 마주하면 어떨까 하는 상상을 시작으로 작업했고요. 센서가 안에 들어 있어서 사람들과 이야기할 수 있게 되어 있습니다. 볼 뿐만 아니라 가지고 놀면서 사람과 관계 맺는 조형물이 되어야 한다는 생각에서 진행했던 프로젝트인데, 작은 생각인데도 운 좋게 당선되어 제 이름으로 오스트레일리아에 설치할 수 있었습니다.

그리고 세 번째로 보여드리는 것은 저의 첫 번째 건축 작품인 극소 주택 〈몽당夢堂〉입니다. 앞서 보여드린 프로젝트들은 건축이라기보다 조형물에 가깝습니다. 누군가 사는 집을 만드는 게 제가 제일 하고 싶었던 일인데, 포트폴리오가 없는 건축가에게 평생 꿈꿔오던 집을 수억씩 들여 맡기기는 어려울 겁니다. 저는 제가 하고 싶은 것을 이루기 위해서 다양한 조형물을 만들고 여러 건축사무소에서 경력을 쌓다가 이 프로젝트에 이르렀습니다.

이 첫 번째 '건축' 프로젝트는 다행히 젊고 정열적으로 일할 사람을 찾던 분께 의뢰를 받았습니다. 이때 특히 인상 깊었던 것은 1년여 진행을 하면서 설계를 마무리하는 시섬에 선축주가 물어본 질문이었습니다. "나는 전문가가 아니어서 잘 모르겠는데, 직접 설계하신 현재의 안에 행복하세요? 당신의 디자인에 정말 만족하시나요?" 작은 집이다 보니 스마트카를 만들듯이 작은 것에만 매달린 채 큰 그림을 보지 못했던 터라 한 대 얻어 맞은 기분이었습니다. 디자인을 갖고 돌아와 3개월 동안 처음부터 다시 생각해서 만든 게 이 주택입니다.

이 극소 주택을 지을 때 거꾸로 제가 "이 집을 짓지 않으면 안 되겠습니까" 하고 건축주에게 저를 해고해달라고 권유한 일도 있습니다. 다다미 세 장 넓이의 아주 작은 3층짜리 집이거든요. 계단을 넣고 보니 실제로 누울 공간도 부족하고 화장실을 넣기도 쉽지 않았습니다. 그래서 건축주를 모시고 운동장에 그만한 땅을 그리고, 계단도 그려 넣고, 제가 직접 바닥에 누운 후에 "정말 이런 곳에서 사는 것이 가능하시겠어요?"라고 물었습니다. 차라리 조금 더 좋은 땅을 사서 맡기시면 더 좋은 집을 만들 수 있을 거라고 건축주에게 황당한 설득을 하기도 했습니다.(웃음)

마지막으로 소개하고 싶은 것은 제 개인전에서 발표한 작품(《디졸브Dissolve》)입니다. 이 작품을 통해서 표현하고 싶었던 것은, 우리가 만든 건축물은 건축주의 손에 넘어가 사용되는데 누가 어떻게 쓰느냐에 따라 건축가의 의도로부터 멀어질 수 있고 변해가기도 한다는 것입니다. 캡슐로 된 알약을 먹으면 캡슐이 녹아서 안에 든 약의 효과가 나타나듯이, 건축가에게 건축물은 자신의 역할과 의지를 벗어난 일이라는 데 생각이 미쳤습니다. 그런 상념을 담은 전시로, 캡슐이 공기 중에 노출돼 점점 산화하고 녹아 없어지고 쓰러져 마지막에는 사람들의 발에 밟히고 부서지고 사라져가는 과정을 보여주었습니다.

안기현의 작품 〈오션스코프〉(위)와 〈라이트웨이브〉(아래).

안기현의 첫 건축 작품 〈몽당〉.

안기현의 작품 〈디졸브〉.

고시마   건축가라는 일은, 저 자신도 그렇습니다만, 건축가가 어떻게 일 하느냐 하는 건 열 사람이면 열 사람 다 제각각이네요. 그러니 까 '이렇게 하면 건축가가 될 수 있다' 하는 방법은 없는 거죠. 그 러나 그 와중에도 어떤 보편성 같은 것을 발견하고자 이런저런 대화를 거듭하고 있습니다. 작은 주택에서 시작해 컨벤션센터 까지, 다양한 관심과 깊은 호기심을 갖고 건축과 마주하고 있는 안기현 씨와 건축과 사회와의 관련성, 일본과 한국의 차이 내지 공통점 등에 대해 이야기할 수 있으면 좋겠습니다. 우선 안기현 씨에게 가이후칸에 대한 인상을 여쭤보고 싶습니다. 새벽 5시에 일어나 가이후칸에 와서 6시 반에 아침 수련을 하며 합기도를 체험해보니 어떠셨나요?

                                            안기현 × 고시마 유스케

안기현 고시마 씨의 추천으로 아침 일찍 합기도장을 먼저 구경하고 합기도 수련도 했습니다. 공간들을 다 보고 나서 느낀 점은, 사람이 많이 모이는 공간과 중간 공간 그리고 선생님의 거처가 잘 분리되어 있어 건축가의 의도가 잘 반영됐다는 것입니다. 수련에 참가해 실제로 그 공간이 사용되는 모습을 보고 더 절실히 느꼈습니다. 더군다나 수련을 하는 곳이어서인지 무형의 기, 기운들을 느낄 수 있었습니다. 또 좋았던 것은 건축주와 건축가의 사이가 좋지 않을 수 있는데 아직까지 좋은 관계를 유지하고 있다는 것이었습니다. 때로는 건축주와 건축가의 관계가 나빠지는 일도 있습니다. 제가 맡았던 프로젝트 중에도, 제가 젊으니까 그저 저렴하게 부려먹을 생각이었는지, 열심히 일하면 필요할 때 건물을 빌려주겠다고 하더니 완공 후에 잠시 빌려달라고 하자 단박에 거절하신 경우가 있어요.(웃음) 일본에서는 그런 일이 없나요?

고시마 그야말로 제가 생각하는 것 중 하나입니다. 건축가가 예술가와 어떻게 다른가 하면, 예술가는 자신의 내적인 것과의 대화 속에서 무엇인가를 창조하죠. 건축가는 자신의 집을 만들 때 말고는 늘 클라이언트가 있고, 실제로 직접 손으로 만드는 것은 장인입니다. 즉, 건축은 공동 작업으로 태어난다는 것이 가장 다릅니다. 하지만 단지 지시받은 대로 하는 게 아니라, 건축가로서의 심지 같은 것이 문제가 되죠.
실로 안기현 씨가 말씀하신 것처럼, 제가 지금 관여하고 있는 건축 전부가 '얼굴이 보이는' 클라이언트를 두고 있습니다. 직접 의뢰를 받아 우치다 다쓰루內田樹 선생님을 위해서 가이후칸을 설계했습니다. 그 과정에서 '모두의 집'이라는 콘셉트를 세우고, 우치다 선생님의 문하생인 합기도 수련자들은 어떤 도장을 원할까 하고 자문했습니다. 타자에의 상상력을 제일 중요한 무기로 삼아 설계한 것입니다.

이제부터는 클라이언트가 보이지 않는 건축도 있을 거라 생각합니다. 예를 들면 공공 건축. 안기현 씨가 맨 처음 소개한 컨테이너 작품도, 누가 어떻게 쓸지는 상상하는 수밖에 없잖아요. 얼굴이 보이는 건축에서는 대화가 가능하죠. 하지만 얼굴이 보이지 않는 건축, 예를 들어 제가 초등학교를 설계한다고 하면 초등학생에게 인터뷰나 말을 듣고 그들의 요망에 답하는 좋은 초등학교를 만들 수 있는 것은 아니라고 생각합니다. 얼굴이 보이지 않는 클라이언트를 두고 어떻게 공공 건축을 만들어갈까 하는 것은 제가 이제부터 40대, 50대를 바라보며 제대로 깊이 생각하고 싶은 테마입니다. 건축가는 클라이언트와 가족처럼 되든지 혹은 '두 번 다시 부탁하지 않겠어' 하고 다투든지, 어느 한쪽밖에 없다고 생각합니다. 저는 지금은 가족 같은 관계를 유지하고 있어요.(웃음)

안기현　저는 아직 미숙한 건축가인가 봐요. 건축주와 관계도 좋았고 제가 최선을 다했는데도 다 짓고 나면 뭔가 부족하고 아쉬운 부분이 자꾸 보이더라고요. 그런 아쉬움 때문에 미안함 마음이 들어서 건축주를 만나는 게 어렵더군요.

고시마　교토에서 안내한 다비비토안旅人庵은 저의 최신작입니다. 그리고 지금 여러분이 있는 가이후칸은 제일 오래된 작품입니다. 저도 실로 변화해갑니다. 진화하고 있다, 연마되고 있다고 믿고, 최신작이 최고작이라는 생각으로 만들고 있는 겁니다. 그렇다면 데뷔작인 가이후칸은 점점 추월당하게 되죠. 미시마 씨 댁에 우치다 선생님을 안내했을 때는 "어이, 고시마 군, 상당히 능숙해졌구면"이라는 말씀을 들었어요.(웃음) 제가 할 수 있는 건 좋은 것을 계속 만들어가는 것, 그래서 '고시마 유스케에게 맨 처음 의뢰한 것은 나란 말이야'라고 우치다 선생님께서 애정을 갖고 생각해주시는 것. 과거의 클라이언트들이 제게 부탁하길 잘했다고 생각해주시면 좋겠습니다.

안기현   저의 클라이언트도 똑같습니다. 작은 집을 지으신 분도 "넌 내가 키웠다"라고 하세요.(웃음)

고시마   사람은 그런 인간관계 속에서 건축가가 되어가는지 모르겠습니다. 실은 건축가가 되고 싶다고 대학 1학년 때부터 생각했습니다. 대학 연구실에 들어가면 보통은 선생님이 자기소개부터 하잖아요. "저는 가우디를 연구하고 있습니다" "이런 건축을 만들고 있습니다" 같은. 하지만 제 연구실의 이시야마 오사무石山修武 선생님은 건축 이야기는 전혀 하지 않고 "너희는 지금 연하장 몇 장 왔나?"라든지 "건축가가 되고 싶으면 연하장이 500장 오는 인간이 돼라"라고. 그때는 무슨 얘기를 하고 있는지 잘 몰랐어요. 그저 재미있는 사람이구나 했죠.(웃음) 겉모습도 무서워서 '뭘까, 이 사람?' 하고 생각했습니다.

그러다 독립을 해보니 '아, 정말 그렇다'라고 생각하게 된 겁니다. 디자인을 잘하고 못하고의 미의식은 예를 들면 어떤 셔츠를 입었는가처럼 자유잖아요. 제각각 발견해가는 거죠. 하지만 연하장이 500장 온다는 건 상당한 인간력을 갖고 있다는 겁니다. 커뮤니케이션에 능숙하고 매력적인 대화가 가능한 것. 즉, 인간관계를 만들 수 없으면 독립해서 건축가를 해나갈 수 없다고 1학년 때 갑자기 들은 거죠. 지금 저는 250장, 300장 정도라서 아직 반인분의 건축가입니다만, 이제부터 어떻게든 500장이 되도록 노력하고 싶어요.

어쩌면 건축가의 본질이라는 것은 디자인을 잘하고 못하고가 아니라 인간력이 아닐까 생각합니다. 저 자신도 우치다 선생님과 만나서 정말로 운이 좋았다고 생각하고, 이렇게 안기현 씨와 만나게 된 것도 두근거리는 심정입니다. 지금 이 순간도 즐거운 일이지만, 장래에 뭔가 함께 재미있는 일을 할 수 있지 않을까 생각하는 순간이 제일 기쁩니다.

안기현 저희는 파트너가 셋이라서 연하장이 세 배가 됩니다.(웃음) 사람들과 어떻게 인연을 맺어가느냐 하는 말에 정말 공감합니다. 그래서 저도 학교에서 가르칠 때 학생들에게 이렇게 말합니다. "건축을 공부한다고 해서 건축하는 아이들만 사귀지 말고 음대, 미대, 사회학과처럼 다른 학과 친구들을 만나라. 그리고 여자 친구를 많이 사귀고 그 친구들의 이야기를 들어야 너희가 성장할 수 있다. 훗날 그들이 다 너희 클라이언트가 되는 것이다."

그러게요. 완전히 똑같은 이야기를 하시는군요.(웃음) "무리 짓지 마라"라고. "설계한다는 건 고독을 품고 있어야 한다. 그것을 나누는 것은 불가능하니까 친한 단짝끼리 설계를 하거나 여행을 가거나 하지 말고 기본적으로 늘 혼자서 움직여라." 그것이 저의 기본적인 자세입니다.

저는 문장을 쓰거나 그림을 그리거나 하고 있습니다. 그림을 그리는 순간은 혼자서 어떤 종류의 고독과 마주할 수 있는, 결단과 모든 책임을 갖고 집중하게 되는 그런 순간입니다. 하지만 도면을 그릴 때라든지 클라이언트와 소통할 때는 문장 또는 그림을 통해 생각합니다. 그것을 이론으로 구축하고 나면 장인들이나 클라이언트와 함께 실천해가지요. 그러니까 공동 작업을 할 때의 건축가는 어느 쪽인가 하면 지휘자입니다. 그림을 그리거나 문장을 쓰거나 할 때는 자기 자신과 마주해 작곡가로서 일하는 것이다, 이것이 저 나름의 방법입니다.

저도 비슷한 방식을 취하는 것 같아요. 제가 제일 흥미로우면서도 어려운 부분 중에 하나는 건물이라는 것이 주택일 때도 있고 누가 사용할지 모르는 임대 사무실일 때도 있고 병원일 때도 있고 호텔일 때도 있다는 점입니다. 굉장히 다양한 용도의 건물을 제가 설계해야 하므로 어떤 사람들이 사용하는지, 어떤 생각을 가지고 있는지를 이해하려다 보면 마치 영화배우가 캐릭터에 몰입해 그 사람처럼 행동하는 것과 같아집니다. 건축하는 사람들도 그 공간이 사람들에게 잘 사용되고 뭔가 더 많은 관계가 생겨날 수 있는 공간이 되길 원하기 때문에, 마치 배우처럼 큰 호기심을 갖고 그 사람들과 비슷하게 행동해봐야 그들의 생각을 알 수 있다고 생각합니다. 한 가지 문제는, 저희가 세 명이서 일을 하다 보니 항상 다중인격자가 된다는 것입니다.(웃음)

고시마 실로 오늘 이야기하려던 주제에 서서히 접근하고 있습니다. 저는 1995년의 중학교 3학년 때, 한신대지진을 경험했습니다. 당시 저는 가나가와 현에 있었는데, 거리가 완전히 파괴되는 것을 보고 충격을 받았습니다. 그 거리가 여기, 지금의 고베입니다. 그리고 바로 이 가이후칸을 만들고 있던 2011년에는 동일본대지진이 있었습니다. 건축과 예술의 차이를 아까 이야기했습니다만, 더 나아간 차이점은 '사람의 목숨을 지킨다'라는 것입니다. 건축은 자연과 대립하면서 자연으로부터 인간을 지키는 역할, 즉 의식주에서 '주' 역할을 합니다. 어린아이로서 한신대지진의 압도적인 파괴를 겪고 건축이 무엇을 할 수 있을까 생각했습니다. 그러다 건축가로서 데뷔작을 고베에서 만들고 있을 때, 도호쿠東北 지방에서는 거리가 쏠려 가 많은 목숨이 사라지고 말았죠. 그때 당연히 건축의 역할이란 무엇인가, 더 나아가서 건축가의 역할이란 무엇인가 하는 커다란 물음이 제 안에 생겨났습니다.

지금 안기현 씨가 말씀하신 것처럼 건축가는, 늘 어떤 종류의 다중인격도 포함해서, 다양한 사람과 관계를 맺으면서 건축물을 만듭니다. 1995년과 2011년의 지진을 겪었을 때, 그리고 흥미 깊은 건물이라고 생각한 쌍둥이 월드트레이드센터가 없어진 순간, 일본인이자 미국에서 태어난 저는 이 세 재앙을 겪고 건축의 무력함을 느꼈습니다. 나 자신도 사회의 일원으로서 사회에 풍요로움을 환원할 것이 없을까 생각하던 중에 압도적인 파괴를 눈앞에서 보고 건축가의 힘없음을 느낀 겁니다. 어떡해야 거기서부터 새로운 가치관 혹은 건축가의 역할을 발견할 수 있을까. 물론 정답은 없겠지만, 그런 커다란 물음을 마음에 갖고 있습니다.

안기현   최근에 '재난 건축'에 대해 논의가 되고 있는데요, 솔직히 제가 속한 사회, 한국에서는 이와 비슷한 피해를 직접 받아본 적이 없어서인지 머리로는 이해와 관심이 생기지만 실제로 구난을 대비한 행동을 실천하거나 이와 관련된 사항들을 깊게 생각해보지는 못했습니다. 그럼에도 불구하고 제가 생각해봤던 것 중 하나는, 일단 건축가로서 사명감과 책임 의식을 가지고 있지만 동시에 건축은 '직업', 그저 일개 인간의 생계 수단이기도 하다는 점. 이 두 가지를 저울질하기는 어렵지만, 만약 재난이 발생한다면 저는 건축으로 사회에 환원하기보다는 직접 사람들에게 달려가 도와주고자 하는 생각이 먼저 생길 것 같습니다. 보통 건축가들이 굉장히 젠체하거든요. 있는 척, 가진 척하는데 실은 자연 앞에서는 보잘것없는 인간이고, 저 스스로의 자립과 존재감을 위해 포장하여 이야기하지만 다른 사람들이 볼 때는 같은 인간일 뿐이죠. 건축으로 무언가를 하기보다는 먼저 인간으로서 할 수 있는 일을 찾고 그 안에서 부딪쳐가면 좋지 않을까 합니다. 현재로는 그런 생각이 드네요.

고시마   굉장히 냉정하게 분석하고 계시고 정직하시구나 생각했습니다.

건축이라는 개념은 애초에 서양으로부터 수입된 것으로 일본에는 없었죠. 목수나 도편수 들이 집을 설계하고 디자인했기 때문에 설계자, 건축가라는 개념은 200년 전에는 없었습니다. 아주 얇은 역사 속에서, 실로 지금 안기현 씨가 말씀하신 것처럼 무리해서 모양을 갖추고 있는 겁니다. 그러니까 건축가가 이래도 될까 싶을 만큼 커다란 신발을 신으려는 건지도 모르겠다고 일본인으로서는 생각합니다.

안기현 건축을 하는 사람들이 무엇인가 시스템을 만들어놓고 재난이 생겼을 때 바로 도와줄 수 있다면 좋을 겁니다. 저는 아직까지 그런 주제를 깊이 생각해본 적이 없는데, 선배 건축가들이 이러한 시스템을 만드신다면 자발적으로 참여해 아주 작은 부분이라도 정신적으로 혹은 육체적으로 돕고 싶습니다. 고시마 선생님께서는 2011년에 큰 지진으로 사회가 어떻게 움직이는지를 체험하셨기 때문에 재난 건축에 대한 생각을 저보다 많이 하셨을 텐데, 어떤 생각을 갖고 계신지 듣고 싶습니다.

고시마 동일본대지진이 발생한 당시 저는 도쿄에 있었고, 그 후 자원봉사자랄까, 이 가이후칸의 커튼을 만들어주신 디자이너 안도 요코安東陽子 씨와 함께 도호쿠로 갔습니다. 재해 지역의 체육관에 커튼을 쳐서 피난소에서도 프라이버시를 가질 수 있게 시도했습니다. 역시 아무래도 외부자랄까 아웃사이더라서 복잡하게 얽힌 정신적 관계에 지속적으로 관여하기가 어려웠다고 느낍니다. 얼굴 마주 보며 서로 손잡을 사람을 찾을 수 없었던 것이 이 일을 지속하는 어려움이라고 생각했어요.

한편 당시 고베에서 우치다 선생님과 가이후칸을 한창 만들던 중이었습니다. 그래서 혹시 무슨 일이 생기면 피난소로도 사용할 수 있도록 했습니다. 예를 들어 도장도 넓은 장소이므로 여유를 갖고 건축을 할 수 있었습니다. 힘껏 오픈된 공간으로 만들자는 데 마음을 썼습니다. 그것은 하나하나 얼굴이 보이는 작업인데도 그것이 사회에 어디까지 침투할까, 그러한 사상적인 부분을 얼마만큼 공유할 수 있을까 하는 의도는 건축물을 설계하는 일만으로는 좀처럼 전달되지 않습니다. 역시 책(『모든 이의 집』) 등 건축과는 다른 형태로 뜻을 전하지 않으면 안 된다고 생각합니다. 그러니까 오늘 대화에서 건축가의 의의를 짚어보는 게 이 맥락에서지요. 자신이 서 있는 위치를 명확히 밝히고 그 정보를 보내야만 바람구멍을 조금 내는 게 아닐까 생각합니다.

그러면 이번에는 조금 구체적으로, 한 사람의 건축가로서 지금 가장 중요하게 여기는 자세를 알려주실 수 있을까요? 안기현 씨가 건축물을 설계할 때, 클라이언트와 마주할 때 또는 처음 건설 부지에 갈 때 중요하게 여기는 것은 무엇인지, 영감의 원천이나 디자인의 근거는 또 무엇인지, 어떤 식으로 클라이언트와 디자인이나 콘셉트를 공유하는지 묻고 싶습니다.

안기현 두 가지 정도가 될 것 같습니다. 먼저 건축주가 건축가인 저보다 더 많은 상상과 고민을 했을 것이라고 생각합니다. 그 땅을 사려고, 또는 거기에 무엇인가를 투자하려고 많은 것을 고려하고 머릿속으로 수많은 그림을 그려봤을 것이라고 생각합니다.

그래서 저는 설계를 하기 전에 먼저 건축주를 찾아가 지금까지 생각해왔던 것을 전부 듣습니다. 그분들은 정말 많은 건축가들을 만났을 것이고 머릿속에서 수백 번 집을 지었다 부쉈다 했을 것이기 때문에 이야기를 듣는 건 정말 중요한 일입니다. 작은 부분부터 큰 모습까지 정말 다양하고 복잡한 이야기 안에서 저희는 그것을 취사선택하고 발전시키는 작업을 합니다. 건축주의 아이디어를 가지고 각각의 장소마다 특징 있는 것들, 새롭게 행동할 수 있는 것들을 만들려고 합니다. 건축주가 항상 해오던 것, 봐왔던 것, 무언가와 비슷한 것들을 차용해서 이야기를 만들어갔다면 저희는 전문가로서 그것들을 더 적합하게, 그리고 가능하다면 새로운 것을 경험할 수 있게 번역해 내놓는 것이지요. 지금 고시마 씨가 만든 이 책상도 이 공간에 가장 적합하게 디자인한 것처럼 말이죠. 이렇게 만들어낸 저희 작업이 아주 작게는 길 건너편, 좀 더 크게는 큰 동네 하나에 새로운 분위기를 불어넣을 수 있는 새로운 사건이 된다면 좋지 않을까 하는 생각으로 작업하고 있습니다. 그런데 이런 방법으로 새로운 무엇인가를 들고 가면 "좋다"라고 하고선 결국 익숙한 것으로 돌아가시는 경우가 많네요.(웃음)

고시마　클라이언트는 자주 이렇게 말합니다. "건축가는 건축의 프로지만 저는 일반인이니까"라면서 건축가와 자신의 차이를 강하게 대비시키죠. 하지만 냉정하게 생각하면 클라이언트도 태어나서 지금까지 건축 안에서 생활하고 건축에 줄곧 관여하고 있기 때문에 건축에 대한 생각을 반드시 가지고 있을 게 틀림없습니다.

안기현 × 고시마 유스케

건축가의 전문성은 그 클라이언트의 생각에 적합한 형태를 부여하는 데 있습니다. 첫 질문에서 가이후칸에 대한 인상을 물었을 때 안기현 씨는 "눈에 보이지 않는 기 같은 것을 느꼈다"라고 말씀하셨습니다. 그 무형의 '기' 같은 것에 곰곰이 생각을 집중해서 형태를 만들면 '과연 그렇군. 내가 갖고 싶었던 책상은 이런 거였군' '내가 갖고 싶었던 도장이란 이런 것이었구나' 하고 클라이언트는 느끼는 거죠.

우치다 선생님은 10년 전부터 가이후칸을 세우고 싶다고 생각하셨습니다. 토지가 없다든지 돈이 없다든지 이런저런 이유로 2011년까지 세울 수 없었지만 세우고 싶다는 생각은 있었던 겁니다. 다만 선생님은 건축가가 아니기 때문에 형태까지는 생각하고 계시지 않았죠. '이런 지붕이 있다'라든지 '조명은 이렇게 한다'라든지, 그런 것까지는 상상할 수 없는 거죠. 건축가의 전문성이라는 건 건축 프로파간다가 아니라, 클라이언트들이 이렇게 저렇게 생각하고 고민해서 인생 최대의 구입을 할 때 무형의 생각에 형태를 부여해서 "이런 건 어떻습니까?" 하고 제안하는 능력이라고 생각합니다. 안기현 씨가 처음 만든 집의 클라이언트에게 "이걸로 행복하세요?"라는 질문을 받은 것과 닮았네요. 제 경우 중요하게 여기는 것은 무형의 것과 어떻게 마주하는가 하는 것과 시간축입니다. 어쨌든 소중하게 쓰이도록 건축물에 담긴 이야기를 전하는 것. 그것으로 애착을 갖고 써주시기를 바라는 겁니다.

안기현   내용도 내용이지만 그것을 다 채우고 난 후 밖으로 보이는 모습,

외관도 건축주의 얼굴처럼 건축가가 예쁘게 만들어주어야 하는 것이 아닌가 생각합니다. 그래서 저는 좀 더 일상적인 공간에서 '어, 이런 것이 생겼네?' '여기서 무슨 일이 일어나?' 하고 사람들의 호기심을 끌어낼 수 있는 무엇인가를 만들어주는 일도 놓치지 말아야 한다고 생각합니다.

가이후칸 이야기가 나온 김에 실제로 가이후칸의 정면, 즉 파사드façade에 대해 고시마 씨는 어떻게 생각하시는지 궁금합니다. 고시마 씨가 원하는 만큼 우치다 선생님의 얼굴을 대변하는 모습인지 묻고 싶습니다.

고시마   무형의 것에 형태를 부여한다는 것은, 인간에 비유하면 마음 부분에 가까울지도 모르겠습니다. 하나의 건축물은 실로 가면이랄까 얼굴을 갖고 있는데 건물의 정면이 그게 아닐까 생각합니다. 밖에서 봤을 때 '아, 이 건물 뭘까?' 하는 식으로, 건축물이 갖고 있는 하나의 매력에서 여러 개의 주름이 드리워지는 겁니다. 연의 꼬리처럼 둥실둥실. 주름이 크고 길수록 이런저런 관계 방식을 보이고요.

이번에 교토에서 안기현 씨에게 료안지竜安寺와 긴카쿠지銀閣寺와 시게모리미레이重森三玲 씨의 정원을 안내했습니다만, 일본의 정원은 전부가 좌우대칭이 아닙니다. 오른쪽으로 들어가서 회유回遊하죠. '이 돌 정원이 여기서 이렇게 보이면 저기서는 어떻게 보일까' 하고 빙글빙글 돌면서 보면 움직임이 생기는 겁니다.

가이후칸은 건물 외벽의 색을 나눠서 '검은 부분은 도장입니다' '흰 부분은 서재입니다' '갈색은 사적인 곳으로 우치다 선생님의

   안기현 × 고시마 유스케

집입니다'라는 설명을 내놓고 있습니다. 제가 디자인하는 과정에서 되도록 정직하고 싶었기 때문입니다. 하지만 예를 들어 어린아이가 '뭘까, 저 건물? 재밌네'라고 생각하는 이유는, 설명되지 않은 곳에서 마음에 걸리는 게 있기 때문이라고 생각합니다. 저는 그처럼 언어화가 불가능한 영역에서의 디자인의 힘에 힘껏 다가붙어 설계하고 싶습니다.

지금 제가 말할 수 있는 것은 주름을 많이 갖고 있는 건축이고 싶다는 것. 즉, 좌우대칭으로 떡 하니 알기 쉽게 자리 잡은 건물보다는, 어긋나 있거나 조금씩 비대칭이거나 한 부분이 있어야 매력적인 밸런스를 지닌 건물이 아닐까. 그게 저희 현재 디자인입니다. 건축을 어떻게 생각하는가, 서로의 내막 공개 같네요. (웃음)

* * *

관객 1 가이후칸에서 합기도를 배우고 있습니다. 오늘은 건축가의 역할 같은 대단히 커다란 이야기 혹은 대단히 추상적인 말씀이 있는데 그것이 일본과 한국 사이에서 공유되고 있다는 걸 대단히 재미있게 느끼고 들었습니다. 고시마 씨의 말씀 중에 건축물이라는 것은 클라이언트라든지 장인이 함께 관여해서 만든다는 이야기가 있었습니다. 저는 이 장인들 부분에 무척 흥미가 있습니다. 가이후칸이라는 건물은 흙, 벽, 나무, 다다미 등 일본의 대단히 전통적인 기술, 쇠퇴 기로의 엄혹한 상황에 놓인 기법을 많이 써서 만들었습니다. 한국에서는 이런 전통 기술 등을 어떻게 쓰고 계시는지, 또 그런 것을 젊은 세대가 어떻게 이어받고 있는지 말씀해주시면 좋겠습니다.

안기현   이것은 어디까지나 제 개인적인 생각으로 한국의 모든 사람이 같은 생각을 가지고 있다는 오해는 없기를 바랍니다. 제가 드릴 수 있는 답은 한국은 6·25전쟁과 일본과의 관계 등으로 인하여 근대화가 늦은 나라 중 하나입니다. 모든 게 부서진 후 다시 세워졌는데, 그 전의 한국 사회는 대단히 닫힌 세상이었습니다. 그러다 갑자기 현대사회가 되어, 건축에 있어서는 전해 내려오는 전통이 많지 않다고 할 수 있습니다. 그리고 궁궐, 한옥 등 한국의 전통 건축은 목재로 만들어졌는데, 고층 건물이든 저층 건물이든 그런 목조건축물을 짓기에는 경제적인 여건이 부합하지 못합니다. 목재 조달이 어렵고, 전통 건축 구축법이 희귀해져서 인건비가 상승했기 때문이지요. 그렇기 때문에 동 세대 건축가들 사이에서는 전통을 이어받는 것보다도 이제부터 우리가 만들어갈 수 있는 것은 무엇인가, 전할 수 있는 것은 무엇인가를 더 많이 이야기하는 듯합니다. 저 같은 경우 제 몸속에 배어 있는 한국적인 것을 찾아내고 정의하는 과정에 있다고 봅니다. 이런 이유로 일본이 세계적으로 인정받는 건축 유산도 많고 건축의 대가도 많아 부럽습니다.

고시마   그렇군요. 저는 되도록 건축이 장수하려면 오랜 역사로부터 배워야 한다고 생각합니다. 한편 한국은 역사의 단절을 안고 있어서 지금의 자신들, 인간이 건축의 중심이 되는 거군요. 과거로부터 계승해야 할 전통은 단절되었을지 모르는 대신에 지금 자신들이 어떤 새로운 전통을 만들어가고 있다는.

제 경우 해외 경험을 하고 있기 때문에 밖에서 본 일본적인 것을 '편집'하는 작업을 염두에 두고 있습니다. 일본이 가진 자연의 풍요로움에 여전히 가능성을 느끼는 동시에 그것을 어떤 형태로 만드는가 하는 것은 안기현 씨도 말한 것처럼 역시 사람이라고 생각합니다. 장인과의 작업, 클라이언트와의 대화를 거듭해, 소중히 해야 할 새로운 일본적인 것을 만들 수 있을지도 모르겠네요. 건축은 어떤 의미에서 사회의 거울입니다. 한국의 동시대 사람들은 '한국만의 아름다움'을 발견해내려고 고심하고 있다 생각됩니다.

안기현   저는 지금까지 영어권이나 한국어를 사용하는 곳에서 강연을 섰습니다. 제3자(통역사)를 통해서 제 말을 전달하는 자리는 생애 처음입니다. 그래서 굉장히 색다른 경험이고, 가이후칸에 앉아 여러분과 실제로 눈을 마주치며 이야기하는 이 순간이 굉장히 기억에 남을 것 같습니다. 다음번에 한국에서 무엇을 이야기할지 앞으로 많은 생각을 해봐야 할 것 같습니다. 제가 사무실을 차린 지 햇수로 5년째여서 저 스스로도 지치고 속에서 무엇인가 정리해보고 싶다는 생각이 있었는데, 마침 고시마 선생님과 상호작용을 하면서 제가 놓쳤던 것들을 생각해보게 돼 무척 좋았습니다. 오늘 아침 이 합기도장에서 여러 사람들과 수련하며 받았던 기운, 그리고 여러 많은 생각이 여러분들에게 또 다른 에너지로 전달되었으면 좋겠습니다. 그중에서도, 수련하는 동안 무거워진 몸을 느끼면서 '살을 빼야겠구나' 절실하게 깨달았습니다. 다음번 대화 때는 4년 전 홀쭉했던 이 프로필 사진처럼 살이 쏙 빠져 있을 것입니다.(웃음)

고시마   안기현 씨와 이야기하며 느낀 것은 역시 두드리면 울린다는 것. 자신의 상상을 뛰어넘는 것이 대화의 매력입니다. 사진을 보고 편지를 쓰고 실제 만났더니 '어? 크잖아, 이 사람' 했다는.(웃음) 기대를 배반하는 느낌이네요. 실은 저도 평소 동료에게서 "빨리 살 빼" 소리를 듣습니다. 그런 공통점을 말한들 별수 없습니다만. 맨 처음 편지를 쓰고 어떤 답장이 올까 했습니다. 그 답장을 읽으면서 시작된 관계가 겨우 사흘입니다만 새로운 친구를 얻은 느낌이었습니다. 앞으로 뭔가 계속 이어져, 졸졸 솟은 물이 커다란 강과 바다로 흘러갈 것 같은 기분입니다. 내년 봄 제가 한국에 가면 안기현 씨의 눈을 통해 새로운 한국을 보여주시지 않을까 대단히 기대됩니다. 그걸 많은 사람과 공유해 보편적인 가치관이나 새로운 시점을 발견할 수 있도록 절차탁마하고 싶은 생각입니다. 오늘 일부러 찾아주셔서 감사합니다.

안기현 x 고시마 유스케

고시마 씨께

Hey! Koshima

지난 만남 이후, 친구가 된 것 같아 존칭보다는 편하게 부르는 것이 더 좋을 것 같아서 해봅니다. 지난번 연락할 땐 고시마 님이라고 했었는데 어색함이 묻어 있는 것이, 그것보다는 우리가 가까워지지 않았을까요.

편지를 시작하기에 앞서 며칠 전 일본 소식에 고시마 씨를 비롯하여 주변에 모든 분이 무고하기를 기대합니다. 더불어 피해를 입은 모든 분들께 애도를 표하며 모든 분이 어서 빨리 일상으로 돌아오실 수 있기를 기도합니다.

일본에서 대담을 한 지 벌써 반년이란 시간이 지났습니다. 시간 참 빠르네요. 이미 알고 계시겠지만 전 그사이 딸과 아들을 둔 아빠가 되었고, 고시마 씨도 아이의 아빠가 되었을 텐데요, 제 경우에는 아이가 생겨서 부모님, 아내는 물론 저 자신에 대한 여러 생각들이 변했습니다. 새로운 존재가 생겨남으로써 제가 생각하던 모든 관계가 바뀌었다고 할까요. 고시마 씨는 어떠신가요? 아빠가 된 삶이 이전과 많이 달라지지 않던가요?

이번 한국에서의 대담은 지난 일본에서의 대담에서 언급된 일본의 정원과 연결선상에서 같이 비교해볼 수 있도록 한국의 마당, 외부 공간을 같이 돌아보고 이야기 나누려고 합니다. 같은 물리적인 공간이어도 사용하는 사람의 문화적 배경과 습성, 행동 방식에 따라 그것을 인지하고 사용하는 방식이 다를 것인데, 일본과 한국의 모습을 우리 둘 다 둘러보았기 때문에 지난번보다 서로 비교하며 더 많은 이야기를 해볼 수 있을 것 같습니다.

대담 주제가 '한일 건축을 말하다'인데, 우리가 이 정도의 큰 주제를 이야기할 내공이 있는지, 마당이나 정원이란 화두로 이야기를 끌어갈 텐데 사람들이 제목과 연관해서 공감할지 걱정되고요, 더불어 이번에는 제가 가르치는 다수의 학생이 대담에 참석할 예정이라 저로서는 더욱 긴장되는 상황입니다. 한편으로는 그렇기 때문에 더더욱 쉬운 이야기로 우리가 진솔하게 이야기한다면 많은 사람과 공감할 수 있지 않을까 하며 마음을 다잡아봅니다.

6개월 만에 다시 보게 될 고시마 씨와 각기 다른 곳에서 벌어지는 여러 가지 이야기와 그 안에서 벌어지는 생생한 감각들을 같이 나눌 기회가 있다는 건 정말 기쁜 일이 될 것 같습니다. 서울에서 기다리겠습니다.

2016년 4월

안기현 드림

안기현 님

안상, 안녕하세요? 편지 고마워요. 마음 써주셔서 기뻤습니다. 실은 지금 제가 설계하고 있는 집이 구마모토에서 가까운 규슈의 오오무타시에 있어요. 다들 무사하지만 워낙 큰 지진이라 자연의 맹위에 다시금 위기감을 느낀 계기가 됐습니다.

정말이지 시간의 흐름은 빠르군요. 저도 작년 11월에 아빠가 되었습니다. 안상과 마찬가지로 딸의 탄생은 제게 수많은 변화를 불러왔습니다. 아니, 모든 것이 변했다고 말해도 과언이 아닐 거예요. 인생의 커다란 터닝포인트라고도 할 수 있겠네요. 그중에서도 아기는 인간 생명의 역사를 되짚어보게 하는 것. 임신 중에는 엄마의 체내 양수 속에서 자라고 출산과 함께 폐호흡을 시작하죠. 지금 제 딸은 5개월인데 물론 아직 말은 못합니다. 그렇지만 이것이야말로 수천 년 전의 인류가 아직 '말'이라는 것을 몰랐을 때의 모습이 아닐까, 옛 인류의 모습을 상상하게 됩니다. 시간 감각도 윤리도 마음도 존재하지 않는 '자유'만이 압도적인, 그런 특별한 시기인 것 같습니다.

이번 한국 여행이 무척 기대됩니다. 지금까지 몇 번인가 한국에 갔습니다만 건축가 친구가 생긴 것은 이번이 처음입니다. 아주 든든합니다. 건축에 대해 말한다는 것은 언제 어디서나 어려운 일입니다. 그건 건축이나 공간이라고 하는 개념에는 '모범 답안'이 없기 때문일 거예요.

그렇지만, 그렇기 때문에 탐구하는 즐거움, 말할 수 있는 것에 대한 소중함 등이 있다고 봅니다. 분명히 또 많은 발견을 할 수 있는 즐거운 시간이 될 것입니다. 이번 여행이 또 우리들의 긴 우정의 시작임을 믿고 있습니다.

2016년 4월

고시마 유스케

어느덧 반년. 계절은 추운 겨울에서 완만한
봄으로 바뀌었고, 두 사람 모두 2세가 태어나
삶의 관점이 달라지는 일까지. 건축은 삶의 결대로
유동하고, 둘의 대화도 전과 다른 생명력을 띤다.
대화에 앞서 안동에 다녀온 두 사람, 자연을 겪은
뒤에 이야기하는 건축과 사람과 생명력이란……

어제의 자신보다 조금 더 기분 좋은 상태

세련미로 가득한 카오스
그 이후의 모습은

두 번째 이야기
2016년 1월 28일 목요일
한양대학교 제2공학관 301호실, 서울

안기현   안녕하세요. 제가 매일 강의하는 교실에서 이렇게 큰 이벤트가 열려 이상하고 어색한 느낌이 듭니다. 알고 있는 얼굴들이라 멋쩍은데, 이야기하다 보면 익숙해지겠죠.(웃음)
제가 일본에 갔을 때 고시마 씨가 일본 정원을 안내하면서 정원의 건축물과 그 외부 공간 구성에 대해 이야기해주셨습니다. 그래서 저도 한국을 안내할 때 현대적인 것보다는 외부 공간과 이어져 있는 건축물을 보여드리고 싶었습니다. 그리고 오래된 학교가 정원이나 주변 자연환경과 어떤 식으로 조화하는지를 소개하기 위해서 안동에 있는 서원을 안내했습니다. 한국과 일본 중 어느 쪽이 더 훌륭한가를 겨루는 것이 아니라 우리가 얼마나 다른 생각을 가지며 동시대를 살고 있는가, 오늘은 그런 이야기

    안기현 × 고시마 유스케

를 하고 싶습니다. 그럼 먼저 고시마 씨에게 자기소개를 겸해 프레젠테이션을 부탁드리겠습니다.

고시마   여러분, 안녕하세요. 저는 지금 건축가로서 관심을 갖고 있는 '생명력 있는 건축'을 하는 법에 대해 미니 강연을 하고 싶습니다. 건축가가 되겠다고 생각한 것은 세계의 건축에 흥미를 가진 것이 계기입니다. 저는 건축가는 손으로 사고한다고 생각합니다. 스케치를 하며 세계 곳곳을 여행해 건축가의 꿈을 키워왔습니다. (자신이 담당했던 건축 작품을 슬라이드 사진으로 비추며) 이것은 파르테논신전 스케치입니다. 2000년도 더 된 그리스의 폐허나 포르투갈의 포르투 언덕을 따라 건축물이 세워진 풍경을 방문했습니다. 이 사진은 빈에 있는 슈테판대성당이라는 오래된 전통 고딕 건축물과 현대 건축가 한스 홀라인Hans Hollein의 건축물(하스하우스Haas-Haus)이 서로 만나 대비되는 모습입니다. 이런 것을 스케치하면서 건축의 많은 것을 배웠습니다.

건축가라는 직업은 많은 사람들과 함께 건조물을 만듭니다. 음악으로 말하자면 오케스트라를 다루는 지휘자와 같은 방식의 일입니다. 동시에 자신 안에서 창조적인 것을 발견했을 때는 혼자서 작곡가적인 방식으로 일을 합니다. 저는 그 혼자의 시간, 작곡가적인 시간으로서 그림을 그리는 일을 하고 있습니다. 이것은 〈환상 도시 풍경〉이라는 드로잉. 실재하지 않는 가공의 마을을 제 안에서 상상하여 그린 라이프워크 같은 것입니다. 이런 식으로, 여행을 가서 스케치를 하거나 여러 가지를 떠오른 것을 드로잉하며 건축을 해왔습니다.

건축가로서 첫 작업은 '가이후칸'이라는 건물입니다. 합기도 도장입니다만, 다다미를 뒤집으면 노能 일본 전통 가면극 무대가 되어서 거기서 공연을 하거나 합니다. 고베의 산이나 세토나이카이瀬戸内海를 감상할 수 있는 공간을 많이 만들었고, 2층은 우치다 다쓰루 선생님의 서재가 되어 있습니다.

두 번째 건축물은 마찬가지로 고베에 세운 '조후칸如風館'으로, 흙과 나무를 베이스로 만든 건물입니다. 흙이라는 것은 형태가 없으니까 똑바를 필요가 없습니다. 그러니까 똑바른 벽과 삼차원으로 움직인 벽을 화면의 왼쪽과 오른쪽에 따로 만들었습니다. 좁고 길쭉한 건물이라서, 빛을 지붕 쪽에서 받아들이는 등 채광을 이렇게 저렇게 궁리했습니다.

또 하나는 80년 전에 지어진 교토의 오래된 민가를 리노베이션한 '다비비토안'이라는 주택입니다. 오래된 것과 새로운 것을 패치워크하면서 구조적으로 보강하거나 공간을 잇거나 했습니다. 오래된 건축과 새롭게 설계한 것을 콜라주를 하듯이 드로잉을 완성한 다음에 만들었습니다.

마지막으로 〈환상 도시 풍경〉 전시회에 '아시안 쿵푸 제너레이션 ASIAN KUNG-FU GENERATION'이라는 밴드의 멤버가 와줘서, 그것을 계기로 그들의 무대 디자인을 하게 되었습니다. 하얀 거리를 이미징한 무대를 설계해서, 거기에 드로잉을 그려서 프로젝션 매핑을 했습니다. 곡에 따라서 점점 이미지가 바뀌어서, 음악이라는 형태 없는 것에 새로 영상을 덧붙인 환영illusion입니다. 30분 공연에 6만 명 넘는 분들이 봐주셔서 대성공이었습니다. 이상입니다.

고시마 유스케의 건축물 가이후칸(위)과 드로잉 〈환상 도시 풍경〉(아래).

안기현 감사합니다. 저는 도쿄를 방문한 적이 몇 번밖에 없는데, 일본의 도시 풍경은 상당히 정연하고 건물도 깔끔하게 잘 정리된 인상을 받았습니다. 거리를 보면서 '일본 사람들의 단정하고 품위 있는 모습이 반영된 걸까?' 하고 생각했습니다. 고시마 씨는 한국에 네다섯 번 오셨다고 했는데, 건축가로서 느낀 서울의 인상은 어떻습니까?

고시마 도쿄의 카오스와 비슷하다고 생각합니다. 인간이 모여서 사는 도시의 문제입니다만. 많은 사람이 한곳에 집중해서 다양한 복잡함이 일어나는, 그런 카오스라고 생각합니다. 도쿄와 서울은 굉장히 닮았네요. 다만 서울은 산이 있기 때문에 기복이 있고, 왕궁이나 대통령 관저, 강 등이 도시의 축이 되어 있습니다. 도쿄는 한층 더 카오스에 오밀조밀한 느낌으로, 중심이 없죠. 중심은 천황이 있는 황거입니다만 거기는 기본적으로 우리는 들어갈 수가 없거든요. 카오스 속에 있긴 마찬가지여도 서울 쪽이 산으로 둘러싸여 있고 강도 흘러서 자연과 강하게 관계된다고 생각합니다.

안기현 저는 왠지 일본은 카오스라기보다도 제대로 정리되어 있다는 인상을 받았습니다. 기후 탓일지도 모르겠습니다. 유리창도 서울보다 반짝반짝해요. 아무튼 현대 건축은 한국보다도 일본 쪽이 앞섰다고 인정하지 않을 수 없었네요. 혼잡함이라고 하면, 밤에 술을 마시며 거니는 문화는 한일 마찬가지입니다만(웃음), 도시의 풍경을 비교하면 한국이 더 지저분하고 어수선하죠. 그러니까 지난 대담 전에 교토에서 정원을 돌아봤을 때는 일본도 사람이 그다지 많지 않은 거리가 있고, 지방 풍경은 한국과 닮았구나 하고 생각했습니다.

이번에 처음으로 고시마 씨께 서울 이외의 장소를 안내해드리니 "한국에도 산이 많은 줄 몰랐다" 하고 말씀하셨죠. 함께 안동을 방문한 감상과, 한국에 대한 인상이 어떻게 바뀌었는지 알려주실 수 있을까요?

고시마 분명 도쿄는 세련됐죠. 건설 기술 덕에 깔끔하지만 굉장히 인정미가 없습니다. 카오스 이야기를 한 것은, 인간이 살아가는 데 있어서 깨끗하고 논리적이고 알기 쉬운 것이 아닌 게 필요하다고 생각하기 때문입니다. 기술이 진보했다거나 깨끗하다거나 하는 것을 추구해도 도쿄는 이 이상 깨끗해지지 않는다고 할까요. 기술은 상당히 높은 수준까지 갔지만 앞으로 이 이상이 되는 일은 없을 것 같은 기분이 듭니다.

건축을 풍요롭게 하는 것에는 뭔가 수치화가 불가능한 존재도 있다고 생각합니다. 서울엔 아직 남아 있는 뒤안길이라든지, 인간미랄까 도시의 어둠이라든지. 그런 것을 배제하고 전부 깨끗하게 만들어가는 것에 저는 위기감을 느낍니다. 그런 제어할 수 없는 것의 가장 으뜸이 자연이라고 생각합니다.

어제 안기현 씨께 안동을 소개받고 확실히 시골 풍경은 일본과 닮았다고 생각했습니다. 하지만 결정적으로 다른 것은 산의 스케일, 그리고 한국에서는 산의 생태계 탓에 곧은 나무가 자라지 않는다는 것입니다. '일본에서는 삼나무와 노송나무가 몇 백 년

동안 계속 곧게 자라왔기 때문에 목조건축이 면면히 이어지고 있다' 하는 얘기가 무척 납득이 갔습니다. 그러한 자연을 도시 안에 받아들이려고 한 것이 교토의 정원입니다. 그러니까 교토의 정원은 도시 안에서 자연이 존재하는 방식이고, 서원은 엄혹한 자연 속에 만들어진 건축물이라는 점에서 대비를 이룹니다. 자연과 인간이 함께 사는 배움의 장으로서의 서원에 유교가 갖는 커다란 의미도 공간으로부터 전해져 왔습니다.

안기현   그렇군요. 저는 한국에 살고 있어서 산이 곁에 있는 걸 당연하게 여기고 있습니다. 하지만 지방에 가서 풍경과 동화된 건물을

안기현 × 고시마 유스케

대담 전날 그린 고시마 유스케의 드로잉.

보면 자연과 건축의 관계에 대해서 새삼 생각하게 됩니다. 가까이 있어도 깨닫지 못하는 게 많구나 하고 깨닫게 되죠. 이번에 고시마 씨와 안동을 방문하고서 그걸 더 크게 느꼈어요.

일본은 특히 재해 때문에 자연이 큰 공포의 대상이 될 가능성이 있습니다. 지난번 일본 대담 때 고시마 씨가 저에게 재해에 대해 어떻게 생각하고 대비하는지 물었습니다. 사실 저는 대답할 수 없었습니다. 말을 되받을 수 없었던 것은, 한국은 그다지 큰 자연재해 경험이 적고, 일본에 비하면 지진 등에 대비한 건축 기준이 많지 않기 때문이에요. 일본에서는 그 뒤 구마모토에서도 큰 지진이 일어났는데, 지금 고시마 씨가 관여하고 있는 프로젝트의 클라이언트도 재해 지역 가까이에 계시다고 들었습니다. 그처럼 큰 자연재해를 자주 겪으시는데, 건축가로서 또는 일본인으로서 재해에 대해 어떻게 생각하시는지 궁금합니다.

고시마 저는 고베에 가이후칸을 만들었고 도쿄와 고베에서 살고 있습니다. 고베에서는 1995년에 한신대지진이 일어났습니다. 그러니까 자연이라는 것은 아름답고 많은 것을 느끼게 하지만, 그와 동시에 제어 불가능한 커다란 힘을 갖고 있는 것을 저는 알고 있습니다. 건축 기술은 강하고 어떤 지진에도 견딜 수 있게 진화하고 있지만 '결코 완벽한 건축 같은 건 존재하지 않는다'라고 명심하고 있습니다. 안전하고 아름답고 완벽한 건축이 존재한다고 생각하는 건 인간의 오만이랄까요. 동일본대지진의 해일도 구마모토의 지진도, 늘 자연이랄까 지구는 재해와 이웃 사이에 있다고 의식하고 있어요. 건축은 완벽하지 않다, 그렇게 생각하고 있습니다.

건축 디자인이라든지 안전성은 물론 중요하지만, 인간은 건축물 안에서 산다는 걸 전제해야 합니다. 아까 제 미니 강연에서 이야기한 '생명력을 높이는 것'과 마찬가지로 자신의 신체감각을 연마하는 것만이 삶을 이어갈 힘이 되지 않을까 생각합니다. 그것이 자연과 사귀는 방법일 테지요. 지진에 강한, 창이 작은 콘크리트 건물을 만든다, 혹은 해일에 대비해 높은 건물을 만든다, 그것은 그 재해만을 생각하면 최선일지 모릅니다. 하지만 거기서 생활하는 인간, 안전해지기 위해서 피난하고 서로 협력하는 그런 인간으로서 해야 할 일은 '해일의 수위보다 높은 건축물'이나 '어떤 지진이 와도 견딜 수 있는 콘크리트 덩어리'와는 다른 곳에 정답이 있다고 생각합니다.

안기현 재해에 대해서 저는 잘 모르지만 특히 건물은 안전을 최우선으로 강조해야 한다는 건 무척 중요하다고 생각합니다. 아무튼 자연과의 관계에 우리가 어떤 자세로 임하는지가 제일 중요합니다. 자연에 대한 한국인과 일본인의 태도가 전혀 다르지 않나 해서 질문을 드려봤습니다.

저는 이런 이야기를 한 적이 있습니다. 서울에서 이 거리의 랜드마크가 무엇이냐고 물으면 빌딩이나 타워를 드는 사람이 많은데, 제게 서울에서 제일 눈에 띄는 것은 산이었습니다. 남산처럼, 서울은 어느 방향을 봐도 풍경 속에 산이 있습니다. 제가 건축가니까 랜드마크라고 하면 건물을 들 거라고 생각하던 사람들도 다들 "그러고 보면 산에 둘러싸여 있네요"라며 놀라세요. 그 정도로 산은 가까우면서도 느끼지 못하는 공기 같은 존재입니다. 일본은 후지산도 활화산이고, 지진이나 화산 분화도 자주 일어나기 때문에 사람들의 발상 자체가 한국과는 다른데 이걸 어떻게 생각하면 좋을까요? 이건 개인적인 궁금증입니다.

그리고 고시마 씨의 이야기 중에 '생명력 있는 건축'이라는 말이 있었는데, 제 경우는 아직 풋내기에 배운 게 적은 탓인지 그 말을 입에 올리기가 굉장히 어렵습니다. 제가 건축물을 디자인하고 그 후 그것을 사용하는 건, 클라이언트와 다른 사람이기 때문에 제가 생명력을 불어넣었다고는 말할 수 없을 것 같은 기분이 들어서죠. 생명력을 부여하고 싶지만 어떡해야 할 수 있는 걸까, 그런 의문이 듭니다. 설계를 마치고 전부 건축주에게 넘기고 나면 엄청나게 창피하고 죄송한 기분이 됩니다. '조금 더 잘 만들 수 있었는데' 하고요. 그리고 과연 나는 좋은 것을 만들고 있을까 하고 고민합니다. 고시마 씨도 대학에서 가르치고 계시지만, 저는 학생들과 이야기할 때도, 학생들이 작품을 보여주러 올 때도, 제가 생각하는 잘하고 못하고의 기준이 무엇일까 생각합니다.

물론 지금 말씀하신 생명력이라는 것은 무척 중요합니다. 다만 너무도 상대적이기 때문에 그 기준을 정하기가 불가능해요. 저는 석사과정을 외국에서 했고 해외에서 일을 한 적도 있습니다. 아까와 같은 이야기를 하면 구미 사람들한테서 "너는 굉장히 동양적이군. 배려하는 척은 그만두게. 너무 겁이 많은 거 아닌가?"라는 소리를 들었습니다. 한국도 일본처럼 문화적으로 배려를 소중히 여기는 나라인데, 클라이언트와의 관계나 학생들과의 관계를 어떤 식으로 생각하시는지 알려주십시오.

고시마　우선 저는 일본인입니다만 미국에서 태어나 37년 인생의 15, 16년은 해외에서 지냈습니다. 전형적인 일본인은 아닙니다. 제게 최초의 클라이언트는 우치다 다쓰루 선생님이었습니다. 10년 전 우치다 선생님의 책을 즐겨 읽는 팬이었습니다. 와세다대학교를 졸업하고 나서 독일의 설계사무소에 가서 거기서 4년간 근무하고 '30세까지는 독립하겠어'라는 생각으로 일본에 돌아왔습니다. 안기현 씨도 아까 말씀하신 것처럼, 제가 지금 '생명력 있는 건축'이라는 테마에 도달한 것은 그걸 줄곧 고민하고 있기 때문입니다. 이렇게 해야 할까 저렇게 해야 할까 하면서 'Never enough(충분하지 않아)' 하는 입장으로 생각하니까요. 최근에 생명력 있는 건축이 풍요로운 건축으로서 하나의 새로운 가능성 아닐까 하고 생각하고 있습니다.

서른 살 때 귀국해서 처음 한 것은 명함을 만드는 일이었습니다. 친구, 선배, 정치가의 파티 등 온갖 곳을 찾아다니며 명함을 돌렸습니다. 그때는 타산적이랄까 계산을 해서, '이 사람을 만나면 어쩌면 클라이언트가 돼줄 거야'라고 생각했어요. 하지만 2년간 일절 일은 없었습니다. 그러던 중 우치다 선생님의 책을 읽는데 제가 알고 지내는 화가가 표지를 그린 걸 알았던 거죠. 그 화가 선생님께 전화를 했더니 우치다 선생님을 소개해줬습니다. 우치다 선생님을 만나 뵈니 "도장을 짓고 싶다"라고 말씀하셔서 "제가 건축가입니다"라고 말했습니다. 우치다 선생님만은 달랐습니다. 그런데 처음 맡는 건축이라서 자신이 없었어요. 아까 안기현 씨가 말했던 것처럼 저도 자신이 없었습니다. 그러니까 "이거 경쟁입찰인가요?" "여러 건축가에게 의뢰하실 건가요?"라고 했더니 저에게만 의뢰해주셨어요. "아직 아무것도 지은 적이 없습니다. 그림만 줄곧 그리고 있어요"라고 말씀드리니 우치다 선생님은 "처음이니까 좋은 거야. 그러니까 열심히 해다오"라면서 오히려 등을 두드려주셨습니다. 지금까지 명함을 여러 사람에게 돌려서 타산적으로 프로젝트를 따내려고 했는데, '아, 이렇게는 안되겠다' 생각했습니다. 자기가 굳건히 서서 자기가 생각하는 건축을 이야기하면 마땅히 만나게 될 인연을 만난다는 것이죠. 불교에 '인연'이라는 말이 있는데, 우치다 선생님과의 인연이 제 인생을 바꿨습니다.

학생과 지내는 것도 마찬가지입니다. 제가 처음 선생이 된 게 5년 전, 서른두 살 때였습니다. 그때는 전혀 자신이 없었습니다. 바로 전까지 학생이었는데 선생이 되어도 괜찮은가 하고요. 하지만 선생이 되어도 딱히 아무것도 변하지 않네요. 배움의 구조라는 것은 그저 A라는 것을 A라고 전하는 지식 교환에 지나는 것이 아닙니다. 제가 '생명력 있는 건축' 혹은 스스로 생각한 것을 학생에게 말하면, 저 자신이 평소 실천하는 것과 대조해 건축에 대해 생각해볼 수 있습니다. 일종의 순환인 거죠. 도리어 학생이 제가 모르는 것을 가르쳐주는 일도 있는 겁니다. 책은 독자가 읽어야 완성되고, 배움은 선생과 학생의 관계로써 성립합니다. 건축은 거기에 사람이 살아야 성립합니다. 그것을 계속 실천하면서 '생명력 있는 건축'이라는 테마를 최대한 제기하고, 깊이 발견해가고 싶습니다.

안기현 그런데 혹시 그것도 이기적인 건 아닐까 고민이 됩니다. 아무래도 학생이나 클라이언트에게 '이것이 맞다' 하고 강요하는 순간이 생겨나잖아요.

고시마 씨는 독립을 하려고 혼자 일을 시작하셨는데, 제 경우는 문득 지인한테서 "이런 프로젝트 해보지 않겠나" 하고 권유를 받았어요. '내가 할 수 있을까?' 하고 생각하다가 실제로 만들게 돼서 자연스레 독립했습니다. 그 건축물을 본 다른 분이 "이것도 해보지 않겠나" 하고 오퍼를 해주셨고요. 매 순간 최선을 다하는데도 저 역시 'Never enough' 하고 느낍니다. 줄곧 만족하는 일 없이 스스로 '이게 맞나?' 하고 질문을 던져왔습니다. 상대가 학생이든 건축주든 그 사람과 이야기하고 결정을 내리는 것이 최선이라고 답을 내면서요.

아까의 질문은, 일본도 비슷한 동양 문화권이라서 어떡하면 더 자신감을 가질 수 있을까, 어떡하면 더 상대와 소통할 수 있을까 궁금했기 때문에 여쭤봤습니다. 실은 제가 이 학교에서 가르치기 시작한 지 3년이 됩니다. 처음에는 깨닫지 못했는데 조금 지나니 저와 이야기할 때 학생의 손이 떨리는 것이 눈에 들어왔어요. 저도 얼마 전까지 그들과 같았는데 학생들이 저와 이야기할 때 왜 떨까, 이유가 뭘까 하고 물었죠. 뭔가 두려운가 싶었습니다.

고시마 건축은 제약을 가하는 측면이 있고, 에고ego가 있는 것도 틀림없다고 생각합니다. 다만 건축에는 상반되는 것을 동거하게 만드는 힘이 있다고 생각합니다. 넓지만 굉장히 친밀하게 느낀다, 혹은 새롭지만 그립다, 그런 뭔가 알 수 없는 것. 지금 안기현 씨가 말씀하신 부분은 정확히 그 갈등을 계속하는 것과 의미가 똑같다고 생각해요. 루트비히 비트겐슈타인이 "말할 수 없는 것에는 말하지 말라"라고 했습니다만, 저는 말하는 것으로 다음 대답에 다가가고 싶습니다.

안기현 That's what I am speaking!(제 얘기가 그 얘기예요!)

고시마 자신감을 가질 수 있게 된 것은 명함을 돌리던 2년이 있었기 때문이라고 생각합니다. 왜냐하면 그때는 여러 일을 타산적으로 생각하고 있었고, 남과 비교하고 있었던 거예요. 일을 따 간 젊은 건축가에 대해 분하다는 생각이나 질투도 있었습니다. 그런 것이 무의미하다는 것을 깨달았죠. 남과 비교하지 않게 된 것이 제가 변한 계기입니다. 선생이 되거나 일의 오퍼를 받거나 인연으로 일이 굴러가게 됐습니다. 어쩌면 5년 전 가이후칸이 처음 완성되고 합기도를 시작했기 때문에 그런 식으로 생각하게 됐는지도 모르겠습니다. 그러니까 안 선생님도 합기도를 합시다.(웃음) 합기도에서는 단정斷定을 하거든요. '연습을 해서 실력을 키운다' 하고 스스로 단정하는 힘이 중요한 겁니다.

안기현　이제 마칠 시간이 가까워졌네요. 마지막으로 우리가 어제 함께 안동을 돌면서 나눈 이야기를 소개하고 싶습니다. 일본에서의 대담에서 고시마 씨는 이런 말씀을 하셨습니다. '한국이나 일본을 비롯한 동양에는 옛날에 건축가라는 직업의 개념은 존재하지 않았다. 건축가라는 것은 원래 서양에서 온 직업이다'라고요. 그런데 우리가 방문한 장소는 한국에서는 서원, 일본에서는 전통적인 정원, 양쪽 다 오래된 건축물이었던 거죠. 그래서 이런 질문을 던져보았습니다. "건축가가 존재하지 않아도 이렇게 훌륭한 건물을 만들 수 있군요. 그렇다면 건축가라고 나서는 우리의 역할은 무엇일까요? 건축가라는 직업이 서양에서 들어온 것인데 건축가라는 일을 하는 게 마땅할까요?" 건축가는 사회적인 역할을 요구받는 직업입니다. 하지만 우리가 살고 있는 문화적인 배경 속에서 건축가는 특별한 대우도 받지 못하고, 우리 자신도 건축가의 지위에 대해 의문을 갖고 있습니다. 질문에 대한 답은 아니지만, 저도 뭔가 훌륭한 일을 하고 있는 것처럼 생각되어도 실은 대단한 게 없죠. 대단한 게 없는 것처럼 보이지만 실은 엄청나게 공부가 필요한 직업이기도 합니다. 둘이서 이야기를 나누며 건축가의 이와 같은 두 가지 측면이 보여 재미있었습니다.

건축가의 역할이 무엇인지 저는 아직 모릅니다. 건축이란 사회적이고 공공을 위한 것이고 많은 이의 눈길이 닿는 것. 사적인 집을 지었다고 해도 그 역할은 마찬가지죠. 그런 것은 누구든지 공부해서 알고 있습니다. 그런 것 말고, 뼛속 깊이 내재된 역할이란 무엇인가. 그 답을 추구하면서 이 대담을 마치고 몇 년 후 다시 고시마 씨와 만날 수 있다면 기쁘겠습니다. 이 질문에 대해서 여러분도 함께 고민해주세요. 마지막으로 고시마 씨께서 일본에서는 건축가의 역할이 무엇인지 말씀해주실 수 있겠습니까?

고시마   전하고 싶은 것이 둘 있습니다. 첫째는 의사와 변호사와 건축가라는 직업은 서양에서는 무척 지위가 높다는 것입니다. 하지만 일본에는 건축가라는 직업이 원래 없고, 서양에서 수입되었습니다. 하지만 잘 생각해보면, 의사나 변호사가 일을 하는 건 자기 클라이언트의 인생 상태가 나쁠 때잖아요. 병에 걸렸을 때 혹은 사건을 만나 변호사에게 도움을 받고 싶을 때. 하지만 건축가와 일하려는 클라이언트는 인생의 좋은 타이밍에 있는 사람들입니다. 돈과 토지를 갖고 있고 여기에 이제부터 건축물을 짓겠다는 사람들. 변호사와 의사는 병이나 사건을 다뤄 불행한 사람을 행복하게 만드니까 "아, 의사 선생님, 감사합니다" "변호사님, 감사합니다"가 됩니다. 그러니까 건축가는 변호사와 의사를 쫓아갈 수 없어요. 건축가는 이미 클라이언트가 행복한 곳에서 시작하니까 어렵죠.(웃음)

그리고 둘째. 건축가는 무엇인가를 만들고 창조해내는 일이라서 어떤 의미에서는 신의 시점에 있습니다. 신의 시점으로 무엇인가를 만들도록 요구받는 동시에 실제로는 저 자신도 시민의 일원이죠. 사회를 보다 풍요롭게 만들려면 무엇이 필요한지 한 사람의 시민으로서 느낀 것을, 클라이언트와 공유하면서, 그 건축 공간 안에 어떤 형태로든 만들어갈 수 있지 않을까 생각합니다. 어떤 풍요로운 사회가 있는지 함께 생각하는 즐거움에는 정답이 없습니다. 그 장소, 그 시대, 다양한 역사와 문화라는 요소를 하나의 건축물로 만들 수 있지 않을까 할 뿐이죠. 저는 뭔가 두근거리는, 생기 넘치는 공간을 만드는 걸 목표로 삼고 싶다고 현 시점에서는 생각하고 있습니다.

안기현   감사합니다. 이상으로 대답을 마치겠습니다. 고시마 씨나 제게 묻고 싶은 것이 있으신가요?

* * *

관객 I   고시마 씨에게 두 가지 질문이 있습니다. 첫머리의 미니 강연에서 유럽 여행이 건축의 길로 나아간 계기가 되었다고 말씀하셨습니다. 안도 다다오 씨도 유럽 여행에서 뭔가를 깨달아 건축가가 되었다고 들은 적이 있습니다. 자국 건축이 아니라 유럽 여행에서 영감을 얻을 수밖에 없는 특별한 이유가 있는지 궁금합니다. 또 합기도를 배우면 '강해질 수 있다'라는 신념을 얻을 수 있다고 이야기하셨는데, 고시마 씨는 학생들을 건축적으로 강하게 만들기 위해서는 어떻게 교육하면 좋겠다고 생각하고 계신가요?

고시마   많은 건축가가 그런 것처럼, 건축이란 무엇인가를 생각할 때 옛날부터 줄곧 있어온 것을 찾았는데, 제게는 파르테논신전이 최초의 시작이 아니었을까 싶었습니다. '일본인이니까'라든지 '자국'이라는 아이덴티티보다도, 건축된 공간은 훨씬 더 오래전, 즉 일본이라든지 한국이라든지 나라라는 개념이 없었을 때부터 존재해왔습니다. 그 근원을 향해 건축가는 여행을 하고, 무엇인가를 생각합니다. 안도 다다오가 파르테논신전에 간 것은 저도 물론 알고 있지만, '그러니까 나도 가자'라고 생각한 것은 전혀 아닙니다. 그게 아니라, 건축이란 무엇이고 공간이란 무엇인가 물었더니 일본인이라는 아이덴티티보다도, 인간이 아직 인간이 아니던 시절, 언어도 갖고 있지 않고 동굴 속에서 살던 시절에도 있었을 것 같은 공간에 순차적으로 생각이 닿았고, 제일 오래된 건축물로서 파르테논신전에 다다른 겁니다.

두 번째 질문에 대해서라면, 합기도는 자기를 강하게 하기 위한 무도가 아닙니다. 자기가 갖고 있는 기, 느낌이라든지 신체감각, 예를 들어 유도라든지 복싱은 제가 1이라는 파워를 갖고 있더라도 안 선생님 역시 1을 갖고 있죠. 그래서 0.8, 0.7, 0.6, 0.5로 파워가 줄다가 쿵 하고 다운시키면 복싱에서는 이기는 거잖아요?(웃음) 합기도는 복싱과 달리 우선 시합이 없죠. 겨루지 않는 겁니다. 1이라는 파워와 1이라는 파워가 합체해서 순간적으로 2가 됩니다. 기를 맞추는 겁니다. '자기 감각을 더욱 곤두세운다' 하고 단정하고, 연습하고, 잘 호흡을 합니다. 그러니까 결코 비교하는 것이 아닙니다. 저는 안 선생님보다도 강하다든지 누구누구보다 어떻고 저떻고 하는 게 아니라, 어제의 자신보다 조금 더 기분 좋은 상태가 될 수 있다면 좋은 거지요. 어제의 자신보다 더 집중할 수 있다면 좋다든지. 자신의 감각을 갈고닦는 겁니다. 남과 비교해서 '나는 강해질 수 있어' 하는 게 결코 아닙니다. 총구 앞에 서 총알을 피한다든지 하는 게 아닙니다. 합기도가는 총으로 겨눠지는 장소에 가지 않습니다. 그러니까 여행을 하다가 '아, 이 길은 위험해 보인다'라고 생각되면 그 장소에 가지 않는 그 감각이 대단히 중요합니다.

관객 2 병역 시절 고시마 씨의 책을 세 번 읽고 무척 감동했습니다. 여행에 대한 이야기나 여행 전, 여행 도중 그리고 여행 후에 그린 그림이 인상적이었습니다. '생명력 있는 건축'에 대해 여쭈겠습니다. 자연의 힘은 무시무시하고, 수 세기 동안 자연은 변화해왔습니다. 저는 자연 속에 뭔가 특별한 힘이 있다고 생각합니다. 그런 생체 원리와 건축가의 관계성에 대해 어떻게 생각하세요? 생체 원리란 자연으로부터 받고 있는 원리를 말합니다.

고시마 자연과 대립하지 않고, 자연을 컨트롤하지 않고, 자연에 가깝게 다가서는 건축. 그런 '생명력 있는 건축'을 만들고 싶습니다. 그러기 위해서는 종래와 다른 것을 만드는 게 결코 아니라, 자연에서 배운 것을 건축 안에 받아들일 필요가 있습니다. 예를 들어 가우디가 중력을 형태화한 아치를 사그라다파밀리아^{Sagrada} Família 성당에 사용하거나 나무가 자라난 모습에서 영감을 얻거나 한 것처럼, 자연에서 배운 것을 건축 안에 자꾸 끌어들여 자연과 함께 동거해가는, 조화해가는 건축물을 만들 수 있지 않을까 생각합니다.

저는 생명력이라는 계측할 수 없는 것을 건축의 본보기로 삼고 있습니다. 하지만 그것은 모습이 꼭 유지돼야 한다는 얘기가 아닙니다. 가이후칸도 어쩌면 50년 후, 100년 후에는 다른 형태가 되어 있을지 모릅니다. 그건 그것으로 좋다고 생각합니다. 사람이 계속 사용해준다면, 우리 아이들이나 손자들이 계속 가이후칸을 소중히 여겨만 준다면 가이후칸 자체는 어떻게 변해도 상관없습니다. 거기서 태어나 계속 살아가는 건 사람이라고 생각하기 때문입니다. 그런 것을 제대로 전해가는 거죠. 그래서 책을 쓰고 있습니다.

관객 5   한국과 일본에서 대담을 마친 소감을 말씀해주세요.

고시마   안 선생님과는 동 세대, 세 살 차이라서 제가 '형'(한국말)이라고 부릅니다.(웃음) 동 세대라서 닮았습니다. 닮았지만 다르죠. 보는 방향도 생각하는 스탠스도 각각 다르지만 함께 등산을 하고 있는 기분입니다. 깨끗한 길도 있고 풀숲도 있고. 정상에 오른다는 건 좋은 건축을 만든다는 걸까, 매력적인 인간이 된다는 걸까. 어떻든 산을 오르고 있다는 건 분명하다고 생각합니다. 이번에 대담을 해서 일본과 한국을 함께 보았는데, 같거나 다른 부분을 바로 알지는 못하지만 동료랄까 동지와 만난 걸 동력으로 내일부터 매일매일 제 작업을 힘껏 해나갈 수 있을 것 같습니다. 그리고 오늘 말한 것을 책임지고 실행할 수 있도록 살아가고 싶습니다. 그러니까 지금 이렇다 할 답은 없습니다. 좀 꾀를 부려 말씀드린 것같이 됐지만.

안기현   저도 비슷합니다. 일본은 아주 가깝고도 멀고, 멀고도 가까운 나라입니다. 비슷하지만 다르다고 느끼는 일본. 제도도 자연도 양 나라가 다르지만 고시마 씨에게서 '아, 이런 식으로 생각할 수 있구나' 하고 배우는 좋은 기회가 됐습니다.

관객 Ⅰ   두 분 대담은 이것으로 끝이지만 새로 대담을 한다면 다음번엔 어떤 테마로 이야기해보고 싶으세요?

안기현   한 번 더 대담한다면 두 사람 다 학생을 가르치고 있고 고시마 씨도 저도 3학년 담당이니까 학생들과 함께 이야기를 나눠도 좋을 것 같아요. "가르치는 학생들끼리의 대화도 좋네요"라고 고시마 씨와 이야기하고 있었습니다.

고시마   남을 끌어들이는 건 건축가의 특징이니까요.(웃음) 다음에는 대담이라는 형태보다도 함께 설계를 하고 싶네요. 하나의 건물을 만드는. 아마 다투게 되겠습니다만.(웃음) 건물도 좋고, 뭔가 함께 만들면 좋을 것 같습니다. 이번 대담은 어디까지나 '말'로 한

    안기현 × 고시마 유스케

것이니까 '공간'을 다루는 공동 작업을 할 수 있다면 재미있을
것 같네요.

정세랑
아사이 료

정세랑 소설가. 1984년 서울에서 태어났다. 2010년 (판타스틱)에 「드림, 드림, 드림」을 발표하며 작품 활동을 시작했다. 장편소설 『피프티 피플』『다행히 졸업』『보건교사 안은영』『재인, 재욱, 재훈』『이만큼 가까이』『지구에서 한아뿐』『덧니가 보고 싶어』가 있다. 제7회 창비장편소설상, 제50회 한국일보문학상을 받았다.

아사이 료(朝井リョウ) 소설가. 1989년 일본 기후 현에서 태어났다. 와세다대학교 문화구상학부 재학 중인 2009년 『내 친구 기리시마 동아리 그만둔대』로 소설스바루 신인상을 받으며 데뷔했고 2013년 『누구』로 최연소 나오키상 수상자가 되었다. 2014년 『세계지도의 밑그림(世界地図の下描き)』으로 쓰보타조지 문학상을 수상했다. 현재 일본 문학계가 가장 주목하는 젊은 작가로 꼽힌다.

서울국제도서전이 열리던 여름, 소설가 아사이 료
원작의 영화가 한국에서 막 개봉을 앞두고 있었다.
이를 계기로 소설가 정세랑과 아사이 료의
만남이 이루어졌다. 인습, 답습에서 물러나려는
두 사람. SNS 시대, 다매체 시대
젊은이들의 파릇한 이야기가 오갔다.

소설은 바로 답을 주지 않는다

인생의 어떤 국면을 맞았을 때
서서히 번지듯 울려오는 한 줄을

사회자   아사이 료 선생님의 문학작품에는 일본의 젊은 세대가 어떤 생각을 갖고 있는지가 그려져 있습니다. 한국을 대표하는 젊은 작가 정세랑 선생님은 한국의 젊은 작가와 젊은이를 대변해서 그들이 어떤 생각을 하고 있는지 이야기해주시면 좋을 것 같아요. 정 작가님, 우선 오늘 처음 아사이 료 작가님을 만나신 소감이 어떠신지요?

정세랑   아사이료 작가님의 책을 읽은 분들은 다 아시겠지만 매우 통찰력이 뛰어나서 저의 거짓된 부분, 가식적인 부분이 날카롭게 분석당하고 들킬까 봐 조금 두려웠는데(웃음) 막상 만나보니 굉장히 유쾌하고 편한 분이셨습니다. 이야기를 잘 쓰는 작가는 많지

만 이야기 주변의 공기를 잘 포착하는 작가는 드뭅니다. 아사이
료 작가님은 그런 부분이 탁월한 분이시고 줄거리로 간단하게
요약되지 않는 정교한 소설을 쓰세요. 그렇기 때문에 여러분도
직접 읽어보셨으면 합니다.

사회자 아사이 선생님은 일본에서도 이렇게 독자와 직접 만나 이야기
를 나누세요?

아사이 일본에서도 이런 자리가 있습니다만, 일본인은 굉장히 수줍고
겸손한 사람들이라…… 좋아서 행사장에 왔는데도 '좋다'라고
큰 소리로 표현하지 못하는 경향이 있습니다. 그러니까 이렇게
큰 박수를 받는 일이 별로 없어서, 오늘 이렇게 맞아주시니 기
쁩니다. 정세랑 작가님은 독자들과 많이 교류하고 계시다고 들
었습니다. 평소에도 이렇게 독자들과 토크 이벤트 같은 걸 하시
나요?

정세랑 네. 책이 나오면 특히 자주하는데 저를 실제로 만나보고 독자분
들이 실망하실까 봐 걱정됩니다. "저 사람은 책을 통해 만나는
게 훨씬 좋았다" 이렇게 말씀하실까 싶어서요.(웃음) 그래도 독
자분들을 만나 뵙는 건 특별한 경험입니다. 저는 책에서 제 안
에 있는 가장 중요한 부분, 내밀한 이야기를 담으려 하기 때문에
어떤 분들이 읽으시는지 무척 궁금합니다. 제 팬이라고 말씀해
주시는 독자들은 친절하고 다정한 분들이 많은 것 같습니다. 그
분들을 위해서 소설을 많이 써야겠다고 생각합니다.

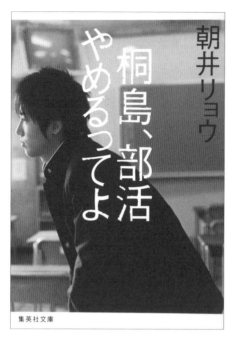

『내 친구 기리시마 동아리 그만둔대』의 일본판 표지.

사회자   정세랑 작가님, 아사이 료 작가님의 작품을 읽고 개인적으로 공
감되는 부분이 많다고 말씀하셨는데 저는 두 분에게서 공통점
이 느껴집니다. 두 분 다 블로그나 트위터 같은 SNS를 통해서
친구들의 일상을 접합니다. 또 정세랑 작가님의 작품 『이만큼
가까이』를 읽어보면 짧은 동영상으로 주변 사람들의 일상을 포
착한 듯한 느낌이 듭니다. 또 최근 젊은 작가들은 약간 영화적인
테크닉을 많이 사용하시죠.

정세랑   저도 전형적인 기법에서 벗어난 소설을 꾸준히 써왔습니다. 아

사이 료 작가님의 『내 친구 기리시마 동아리 그만둔대』가 실제로 영화로 만들어졌고 일본에서 상당히 인기를 끌었다고 들었어요. 한국에서 개봉 전에 그 책을 읽으면서 '이 사람이 소설을 선택한 이유는 무엇일까' 하는 의문이 들었습니다. 다양한 이야기 매체가 존재하고, 소설이 가장 주목받는 매체는 아닌 이 시대에 선택한 이유가 있었는지 여쭤보고 싶었습니다.

아사이　처음에 소설을 쓴 계기가 크게 영향을 줬다고 생각합니다. 저도 정세랑 작가님처럼 네댓 살 때부터 소설을 쓰기 시작했습니다. 그때는 PC도 사용할 수 없고 녹음 같은 거는 생각도 못했고 종이랑 연필밖에 쓸 수 있는 것이 없었습니다. 그래서 종이와 연필로 제 생각을 전달한다는 것이 제 안에서는 하나의 툴로 자리 잡은 것이 아닐까 싶습니다.

정세랑　소설은 큰 비용이 필요하지 않고 혼자서 가능한 작업이기 때문에 자유롭게 아무런 제약 없이 쓸 수 있는 게 너무나 매력적이라고 여겨지는데 비슷한 생각을 가지고 계신 것 같아 기쁩니다. 작가 중에는 '문학은 종교다. 나의 절대적인 대상이다'라고 생각하는 사람도 있는가 하면 문학에 대해 그보다 쿨한(끈덕지지 않은) 사람도 있습니다. 아사이 료 작가님은 소설과의 관계가 끈적끈적하지 않고 쿨한 느낌이라는 이야기를 들은 적이 있습니다.

아사이　저도 그렇게 생각합니다. 소설과 제 자신과의 관계는 끊으려야 끊을 수 없는 관계라고 생각하지만 절대적인 존재로 받아들인

다기보다는 방금 말씀해주신 것과 같은 관계라고 생각합니다. 그것은 아마도 소설 말고도 좋아하는 것이 많다는 게 크게 작용했기 때문일 겁니다. 정세랑 작가님도 역사를 좋아하신다고 들었습니다. 소설 외에도 좋아하는 것이 있기 때문에 아마 저처럼 거리감을 갖고 소설과 마주하고 있지 않을까 싶습니다.

정세랑 언젠가 한중일 3국의 작가가 모여서 한 권의 책을 내자는 이야기를 한 적이 있습니다.

사회자 여러분 중에도 읽으신 분이 계실지도 모르겠습니다. 한국의 공지영 작가님과 일본의 쓰지 히토나리 작가님이 『사랑 후에 오는 것들』이라는 작품을 공동 집필했습니다. 사랑 이야기를 남자 주인공과 여자 주인공 각각의 입장에서 집필해서 두 권의 책이 한 쌍을 이루는 작품인데, 두 분이 그런 작품을 한번 써보시는 건 어떨까요?

정세랑 작품을 읽어보신 분들은 아시겠지만 저희는 둘 다 주인공이 초식 계통입니다. 정열적이지 않아요. 그렇기 때문에 이 두 사람 사이에서 과연 열정적인 스토리가 나올지 의문입니다.(웃음)

아사이 그러면 반대로 제가 여성의 관점에서 쓰고 정세랑 작가님이 남성의 관점에서 쓰면 어떨까요?(웃음) 여성 관점과 남성 관점 중 어느 쪽이 더 편하세요?

정세랑×아사이 료

정세랑 여성 관점이 더 쓰기 편했는데 최근엔 남동생이라면 어떻게 행동할까 생각하며 쓰다 보니 남성 관점도 예전보다 쓰기 편해졌습니다.

아사이 저도 누나가 있어서 그 영향으로 여성 관점의 이야기가 쓰기 편해졌습니다. 역시 우리는 정말 비슷한 점이 많네요. 공동 집필하다 보면 같은 책이 두 권 나올 수도 있겠네요.

정세랑 저도 고등학생 때 배구를 좋아했어요.『내 친구 기리시마 동아리 그만둔대』라는 소설에서 배구 이야기가 나옵니다. 그래서 정말 비슷하다고 생각했어요. 태어난 나라는 달라도 비슷한 인생을 살아왔나 하는 생각이 들었어요.
한때 한국 젊은 작가들과 작품 사이에서 어떤 공통적인 좌절감이 느껴질 때가 있었습니다. 저희 세대는 자기 자리를 찾지 못하고 힘든 시기를 보냈기 때문에 소설도 소외와 좌절의 색채가 강했습니다. 일본 작가들의 작품을 보면서 비슷한 문제를 고민하면서도 상당히 밝은 부분이 있는 것 같다고 생각했습니다. 그래서 일본 작가들이 직면하고 있는 테마가 무엇인지 궁금해졌어요.

아사이 제가 실제로 일본에 살면서 느끼는 것은 '나는 누구인가'를 너무 깊이 생각한 나머지 타자에게 배타적으로 되었다고 할까요, 나를 확립시키기 위해 타자를 낮게 보는 소통 방식이 늘고 있다고 생각합니다. 이는 SNS가 유행하는 가운데 생겨난 현상이 아닐까 합니다. 여기서 나타나는 우스운 현상 같은 것을 소설을 통해 표현하고 싶습니다.

정세랑 『누구』를 읽어보면 트위터 계정 속에 존재하는 어떤 인물과 실제 인물이 상당히 거리가 있습니다. 거리감에서 비롯되는 이질감 역시 아주 잘 묘사되어 있습니다. 관심 있는 분들은 상당히 재미있게 읽으셨을 텐데요, 읽으면서 좋은 의미에서 소름이 돋았습니다. 시대에 대한 예민한 감각이 돋보였습니다.

아사이 료 작가님은 작품뿐 아니라 '아사이 료'라는 인물 자체로도 일본에서 주목받고 있습니다. 사랑받으시다 보니 소설 이외의 측면에 대해서도 주목을 받고 계신데, 부담감을 느끼지 않으세요?

아사이 예를 들어서 TV에 출연할 때도 어떤 의미에서는 SNS와 마찬가지로 저의 가장 좋은 부분만 뽑아서 화면에 담는 경우가 있습니다. 그런 부분만 보고 저를 판단하실까 싶어 두려울 때가 있습니다. 빙산의 일각만큼밖에 남에게 보이지 않는 경향이 있기 때문에 그 이외의 부분을 어떻게 소설로 표현할까 지금 깊이 고민하고 있습니다.

정세랑 작가님의 작품 자료를 읽으면서 예를 들어 『이만큼 가까이』라는 작품에는 정세랑 작가님의 내면세계에 가까운 것이 그려지지 않았을까 생각했습니다. 또 『덧니가 보고 싶어』라는 작품은 정세랑 작가님의 내면세계라기보다는 픽션, 허구에 초점을 두고 집필하시지 않았나 생각했습니다. 내면에 있는 것을 리얼하게 묘사하고 싶다는 욕구와 픽션으로서 완성도가 높은 작품

정세랑 × 아사이 료

을 쓰고 싶다는 생각, 어느 쪽이 작품을 쓰실 때 엔진으로 작용합니까?

정세랑 　저도 늘 고민이 됩니다. 현실을 그대로 그려내면 뭔가 매력이 떨어집니다. 그래서 제가 사용하는 방법은 한 사람의 인물상을 만들 때 친구나 주변 인물을 잘 관찰해서 다섯 명 정도를 믹스해 줍니다. 그렇게 하면 상당히 현실감이 있으면서도 개성 있는 인물이 탄생합니다. 무려 다섯 명을 섞어놓았으니까요. 퍼즐을 맞추거나 레고 블록을 쌓는 것처럼 하면서 현실과 픽션의 틈새를 파고들면 더 개성이 강한 인물이 탄생합니다.

아사이 　저도 요즘 들어 리얼한 내용을 리얼하게 쓰다 보면 매력이 없다고 할까요, 소설로서 읽을 의미가 없다고 생각합니다. 그런데 일본 소설이 평가를 받는 부분이 의외로 그런 부분입니다. 얼마나 리얼하게 현실적으로 잘 썼는가에 평가의 초점이 맞춰지는 경우가 많습니다. 한국의 소설 독자들은 어떤 부분에 초점을 두고 소설을 읽으시는지요? 현실적인 묘사인가요? 아니면 창작물로서의 높은 완성도인가요?

정세랑 　제가 생각하기에 한국에선 무거운 주제와 스타일만이 높은 평가를 받는다고 생각합니다. 만약 밝은 내용이거나 속도감이 있다는 평을 얻으면 좋은 작품이 아니라고 여겨지는 게 현실입니다. 새로운 경향의 작가들이 점점 늘면서 이제는 조금씩 바뀌지 않으면 안 되고, 바뀔 것이라 생각합니다. 그런 면에서 일본 작가들과의 교류가 늘어났으면 합니다.

제가 궁금한 것은 아사이 료 작가님은 이미 세대를 대표하는 작가가 되셨잖아요. 어떤 세대를 대표해야 한다는 기대감에 찬 시선이 부담스럽지는 않으신지요?

아사이　세대를 대표하는 작가가 되었다는 것을 제가 별로 실감하지 못하고 있습니다. 하지만 그렇다고 해서 마냥 실감이 안 난다고만 말할 수는 없는 것 같습니다. 열심히 해서 일본 젊은 작가들을 견인해나가야 한다고 많은 분들이 저에게 말씀해주시기 때문에 슬슬 자각을 하고, 정세랑 작가님처럼 많은 사람들 앞에 나서서 제대로 독자들과 소통하는 작업을 주체적으로 해야겠다고 생각합니다.

사회자　마지막으로 한국 독자들에게 한 말씀 부탁드립니다.

정세랑　해외 문학을 얼마나 동시대적으로 접하는지가 한 사회의 열려 있는 정신을 가늠하는 척도가 될 수 있다고 생각합니다. 독자와 오랜 시간 함께 성장하는 작가가 되었으면 하고 바랍니다. 그 길을 가면서 좋은 친구들도 많이 만나고 싶습니다. 아사이 료 작가님 같은.

아사이　저는 개인적으로 일본이라는 작은 나라의 그중에서도 작은 일부분을 글로 써왔다고 생각했습니다. 하지만 그런 제 작품을 읽고 한국 분들도 공감해주시고 제가 한국까지 와서 이렇게 많은

정세랑 × 아사이 료

분들과 이야기를 나눌 수 있어서 기쁩니다. 제가 생각하는 것들을 더 많이 글로 써 발신해야겠다고 생각했습니다. 제 글을 받아들여주시는 분들이 이렇게 많이 계시다는 것에 자극을 받았습니다. 일본의 소설 독자들은 아마도 한국 독자들보다 해외 작품에 눈을 돌리지 않는 것 같습니다. 정세랑 작가님의 작품 소개를 읽어봤는데 일본에서도 큰 호응을 받을 수 있는 작품이라고 생각했습니다. 저를 비롯해 일본 독자들이 한국 작품 등 해외 작품에도 관심을 갖고 해외 소설의 재미를 느끼고 배울 수 있었으면 좋겠습니다.

1년여 뒤 도쿄에서 다시 만난
두 사람. 어제의 대화를 이어가듯
작품에 대해, 작품을 대하는 독자들과
다시 그 반응을 대하는 자신들에 대해
정겨운 말들을 주고받는다. 분석하되
마음 깊은 존중을 담아, 싫은 것보다
좋은 것을 말할 줄 아는 두 사람의 맑은 대화.
"공감할 수 없는 것이기 때문에
이해하려고 노력한다."

5년 후에 읽으면 알 수 없을 감정

마음 자체에
차이 같은 건 없구나

아사이   정세랑 작가님은 출판사에서 근무하신 경력도 있잖아요. 지난
번 대담했을 때 한국의 출판업계를 작가로서뿐 아니라 편집자
의 시점으로도 파악하셔서, 어떤 활동을 해야 출판업계가 더 활
성화될까 하는 문제의식을 갖고 계시다고 느꼈습니다. 저는 시
야가 좁은 인간이라 어떡해야 내가 팔릴까 하는 것만 매일 생각
하기 때문에(웃음) 반성과 함께 무척 자극을 받았습니다.

사회자   정세랑 작가님은 원래부터 아사이 료 작가님의 팬이라고 하셨
죠.

정세랑   한국에 번역되어 있는 『내 친구 기리시마 동아리 그만둔대』와

『누구』를 읽고 만나 뵙기 전부터 '이 사람 작품은 평생 계속 읽어야지' 하고 마음에 정해두었습니다. 아사이 료 작가님은 젠틀하고 위트 있고, 제가 실없는 말을 해도 잘 받아쳐주시는 그런 분이어서 꼭 다시 뵙고 싶었습니다. 언어는 다르지만 정말로 친구와 이야기하는 기분이었어요. 작가님도 인상적이었지만 제가 작년에 서울에서 작가님이 독자분들을 만나는 자리에 있었잖아요. 아주 뜨거운 현장이었어요. 뜨겁다는 표현이 전혀 과장이 아니라 거의 팬클럽 수준이었어요. 그런 교류의 현장을 보며 '아, 저 정도로 사람들의 마음을 움직일 수 있는 작가라니 대단하구나' 감탄했거든요. 나도 그만큼 잘 쓰고 싶다, 자극도 받았고요. 그때 작가님이 초콜릿 한 상자를 선물로 갖다 주셨는데 하나씩 아껴 먹으면서 '이거 먹고 아사이 료 작가님처럼 잘 써야지' 하고 주문처럼 생각했던 기억이 납니다.(웃음)

아사이 좀처럼 만나 뵐 기회가 없는 걸 독자분들이 아셔서 '오늘밖에 없다'라는 심정으로 호응해주신 거라고 생각합니다. 하지만 그게 아니어도, 한국 독자분들은 좋은 의미에서 사양하지 않는 힘, 부끄러워하지 않고 마음을 전하는 힘이 굉장해서 정말로 감사했습니다. 제 소설이 번역되어 있는 건 알고 있어도 정말로 다른 나라 분들에게 읽히고 있다는 건 좀처럼 실감할 수 없어서요. 『내 친구 기리시마 동아리 그만둔대』의 제목에는 '동아리'라는 아주 일본적인 문화가 들어 있습니다. 예를 들어 대만판에는 '동아리'라는 말이 없어서 "퇴사"로 돼 있거나 합니다.

사회자 "퇴사"라고요?

아사이 애초에 문화가 완전히 공유돼 있지는 않아서 어떻게 읽히는지 초조했는데 한국 독자분들이 대단히 뜨겁게 반응해주셨어요. 한국에서도 제 문장을 읽고 계신 고마움을 실감할 수 있었습니다. 처음 일본에서 책을 냈을 때 굉장히 개인적인 것을 썼다는 기분이 들었는데, 성별도 연령도 다른 분들한테서 "내 얘기가 쓰여 있는 것처럼 느꼈다" 하는 감상을 받아서 깜짝 놀랐습니다. 그래서 '내 개인적인 이야기여도 독자에게 공감과 메시지를 전하는 것은 설령 국경 너머라도 의외로 멀지 않겠구나' 하고 느낄 수 있게 됐습니다. 예를 들어 『누구』는 일본 특유의 '취업 활동'을 쓴 이야기인데, 해외의 여러 독자들이 SNS에 감상을 올리고 소통하는 것을 보고 많이 공감했던 것 같습니다. "의식 높은 계열" 같은 새로운 말도 생겨나고, 일본만의 현상이라고 생각했던 게 다른 나라에 다른 이름으로 침투해 있었죠. 조금 안심이 되는 동시에 절망도 했습니다.(웃음)

정세랑 『누구』가 하도 빼어난 작품이다 보니 읽으면서 공포감을 느꼈다고 하는 사람도 많았습니다. 어렴풋이는 알고 있어도 직시하고 싶지 않은 것을 굉장히 날카롭게 잡아낸 소설이잖아요. 『내 친구 기리시마 동아리 그만둔대』도 한국에서 커다란 공감을 이끌어냈어요. 어느 유명 작가가 "올해의 책으로 『내 친구 기리시마 동아리 그만둔대』를 꼽겠다"라고 말했을 만큼 문학계에서도 큰 반향이 있었습니다.

정세랑 × 아사이 료

아사이   고맙습니다. 문화 차이에 대한 불안은, 이번에 정세랑 씨의 『이만큼 가까이』를 일본어로 읽고서 새삼 마음 자체에 차이 같은 건 없구나 하고 느꼈습니다. 서울에서 뜨거운 감상을 주신 분들의 마음이 1년 지나 다시 또 전해져 온 느낌입니다.

정세랑   저는 이번에 『언더, 썬더, 텐더』(『이만큼 가까이』의 일본어판 제목)가 번역된 것만으로 너무 기뻐서 아직 다른 욕심은 나지 않아요. 책은 열흘 전에 나왔지만 국제 배송은 번거롭고 일정도 받아서 여기 와서 보기로 했었거든요. 오늘 처음 실물을 봤는데 사진보다 훨씬 근사하네요. 그런데 막상 책장을 열어보니 몇 문장 제대로 못 읽어서…… 이럴 줄 알았으면 일본어 공부를 더 열심히 할걸 후회됩니다.

아사이   압니다. 저는 '혹시 전혀 다른 소설이 수록되어 있을지도 모르겠는걸' 하고 생각하면서 제 책의 번역판을 봐요.

정세랑   설마요! 그럴 거라고 생각하진 않아요.(웃음)

사회자   아사이 료 작가님은 일본판 『이만큼 가까이』의 띠지에 글을 보내셨지요. "이웃 나라의 소설가가 그려내는, 소년소녀 양쪽의 눈에 비칠 수 있는 것의 전부. 그 세계의 감촉이 손에 닿아 여기까지 공명할 줄은." 미리 읽으신 감상을 여쭐 수 있을까요?

아사이   읽어보고서, 작년에 왜 저와 정세랑 씨가 대담하게 되었는지, 누

『이만큼 가까이』의 일본어판과 한국어판 표지.

군가 '이 둘이 이야기하면 좋지 않을까'라고 생각한 이유를 알게 된 기분이 들었습니다. 이 작품은 어른이 된 주인공이 10대의 나날을 돌아보면서 거기서 하나의 수수께끼랄까 사건을 점점 풀어가는 형태로 이야기가 진행되는데 시점이 굉장히 독특합니다. 엄청나게 불온한 것이 바로 옆에서 호흡하고 있다고 할까, 10대의 일을 돌아보면서 굉장히 행복한 신을 쓰고 있어도 얇은 껍질 한 장을 사이에 두고 저쪽 편에서 그것을 부숴버리는 거대한 무언가의 숨소리가 계속 들리는 느낌이 있어요. 독특하다는 생각이 드는 동시에, 저 자신도 비슷한 느낌을 갖는 일이 잦아서 뭔가 통하는 걸 느꼈습니다.

정세랑 × 아사이 료

사회자 '불온한 것'이라는 게 구체적으로는 뭘까요?

아사이 주인공들이 사는 거리는 군사경계선에 접해 있어서 자기 문화
와 다른 무엇이 물리적으로도 바로 곁에 있는 거잖아요. 화자의
서술 부분을 봐도 10대의 생기 넘치고 반짝거리는 시간을 그리
는데 그걸 이야기하는 수년 후의 '나'는 뭔가 이미 부서져 있다
는 불온한 낌새가 풍깁니다. 물리적으로도 시간적으로도 바로
곁에 함정이 있는 느낌입니다. 그리고 문장 자체가 정말로 굉장
히 매력적! 멋진 표현이 많습니다. 특히 첫사랑 상대와 처음 몸
을 포개는 신에서는 '좋아하는 사람이 바로 곁에 있는 것을 이
렇게 표현할 수 있구나' 하고 감격했습니다. 일본인이 쓰는 일본
어에서는 조합되지 않는 식의 단어 선택이 많아서, 그것만으로
도 정말로 재미있게 느꼈습니다.

정세랑 너무나 정확하게 잘 읽어주신 것 같아 감사합니다. 소설의 배경
이 조금 특수하다 보니 일본 독자분들이 그 분위기를 충분히 느
끼실 수 있을까 우려했어요. 파주는 서울 서북쪽의, 북한과의 국
경 지대고 군사 지대거든요. 제가 그 근처 일산 신도시에서 자라
기도 했고 성인이 되어서 직장을 다니기도 했는데 어느 날은 회
사에서 일하다가 창문을 내다보니 얼굴에 위장 크림을 바른 군
인들이 풀숲을 포복해서 가고 있더라고요. 창문 하나 사이로 눈
이 마주치곤 했어요. 멀리 사격 연습장이 있어서 그 격발음이 메
아리처럼 들려오기도 했고요. 서울과 가깝지만 사뭇 이질적인
곳인데 그 독특한 공기를 아사이 료 작가님이 직접 와보신 것처

럼 이해하신 것 같아 놀랐습니다. 한국 사회에 도사리고 있는 커다란 폭력과 매일매일 얼굴을 맞대고 살아가는 10대 소년소녀들이, 가장 순정한 개인들이 그 폭력의 영향력에서 벗어나서 살아갈 수 있을까가 이 책을 쓰면서 가장 자주 생각했던 지점이에요. 폭력에 대한 이야기를 첫사랑의 이야기처럼 했던 것 같아요.

아사이　그 거대한 폭력이, 쓰기에 따라서는 꾸며낸 티가 나거나 너무 알기 쉬워서 받아들이기 어려운 것이 돼버릴 수 있는데 이 소설에서는 세세하게 요소 분해돼 주변에 흩어져 있는 것처럼 느꼈습니다. 얇은 얼음 위를 걷는 것처럼 어디선가 나락 끝에 떨어져버리는 게 아닐까 하는 불안이 떠나지 않아서, '이 사람들에게 무슨 일이 일어나려는 걸까' 하고 생각하면서 마지막까지 눈 깜짝할 사이에 읽어버렸습니다.

또 인물 조형이 굉장히 매력적입니다. 이 소설에는 같은 학교의 여섯 명 그룹과 주인공의 첫사랑 상대, 메인으로 일곱 명이 나옵니다. 각각 이 사람은 어떠어떠하다는 설명이 딱히 없는데도 읽다 보면 어떤 사람인지 눈앞에 서 있는 것처럼 제대로 모습을 갖춰가죠. 그게 그녀들과 같은 시선으로 함께 살아가고 있는 듯한 느낌을 전달해줘서 굉장히 기분이 좋아요.

주인공의 첫사랑 상대는 인도에서 유년기를 지낸 인물인데, 정세랑 씨가 작년 말에 출판하신 책(『재인, 재욱, 재훈』)도 여러 나라가 무대였잖아요. 이야기를 어느 한 나라에 국한시키지 않는 듯한데, 의식하고 계신가요?

정세랑 가장 친한 친구들이 세계 각지로 유학을 떠났어요. 여기 도쿄에
도 한 명 있습니다. "아, 친한 친구들이 이렇게 세계 곳곳으로 흩
어지는 게 세계화구나"라고 소설 안에도 썼지만 평소에 절감하
고 있어요. 도쿄에 와 있는 친구의 경우는 역사 전공이어서 일
본사를 공부하러 왔다가 갑자기 진로를 변경하여 제과 학교에
들어갔거든요. 이처럼 친구들의 이야기를 자주 듣고 예상치 못
했던 삶의 변화들을 지켜보면서 제가 직접 경험하지 않아도 영
향을 많이 받는 것 같아요.

아사이 그 영향이 그 소설을 보다 재미있게 만드는 거겠죠.

사회자 등장인물, 특히 여성이 한국의 전통적인 캐릭터로부터 거리를
두고 있는 듯한 묘사가 무척 신선했습니다.

정세랑 아사이 료 작가님은 완전히 예외지만, 많은 남성 작가들이 여성
캐릭터를 쓸 때 매우 평면적인 캐릭터로 그리는 실수를 해요. 뻔
하게 생각하고 말하고 행동하는 종잇장 같은 가짜 여성 캐릭터
가 싫더라고요. 그래서 평소에 '내가 여성 캐릭터를 쓰면 좀 더
입체적이고 생동감 있는 캐릭터를 써야지' 마음먹고 있었어요.
남성 캐릭터를 쓸 때도 마찬가지로 실제 남성들이 거부감 없이
받아들일 수 있게 쓰고자 노력하고요. 어딘가에 진짜 있을 것
같은 인물을 쓰고 싶어요.

아사이 분명히 저를 포함해서 일본의 남성 작가들은 여성 캐릭터에게

바로 원피스를 입혀버리는 병에 걸려 있습니다. 저는 그 병에서
어서 벗어나고 싶네요……

정세랑 하지만 왠지 작가님 작품 속 여성이라면 원피스를 입고도 갑자
기 얼굴이 돌변해서 굉장한 진심을 말할 것 같아요. 그런 걱정
은 안 하셔도 될 듯해요.(웃음)

아사이 아, 잘됐습니다.(웃음)『이만큼 가까이』의 화자인 여성이 과거를
이야기할 때 엄청나게 세세한 묘사를 했나 생각하면 그 직후에
'그래도 이토록 세세하게 기억하고 있을 리 없어. 이 기억은 분명
날조야'라고 말하잖아요. 기억을 미화하는 것을 조금도 허락하
지 않는 데서, 미화하기 시작했더라도 곧바로 브레이크를 거는
데서 정세랑 작가님이 사물을 보는 방식과 제가 사물을 보는 방
식이 겹쳤던 것처럼 느낍니다.

사회자 한국의 소설계에서는 정세랑 작가님이 젊은 그룹에서 두드러져,
그 위 세대와는 소설의 내용도 쓰는 방식도 다르다는 이야기
를 듣습니다. 본인 세대에게 소설로 전하고 싶으신 게 따로 있나
요?

정세랑 시민사회, 자본주의사회가 어느 정도 발달하고 나면 혐오나 폭
력에 대한 논의가 터져 나오는 시기를 맞닥뜨리는 것 같아요. 한
국에서 저희 세대가 그런 경험들을 하고 있습니다. 일본은 조금
더 먼저 그런 경험들을 하지 않았나요? 그래서 요즘은 사람들

이 쉽게 "나는 이런 것 저런 것이 아주 싫어!" 하고 강하게 말하고 싶은 유혹에 빠지는 듯해 걱정입니다. 무언가를 싫어한다고 말하는 것이 좋아한다고 말하는 것보다 쉬우면 그건 건강하지 않다고 생각해요. 사실 "나는 구체적으로 이런 것 저런 것이 좋아" 하고 말하는 사람이 훨씬 행복한 사람일 가능성이 높죠. 그렇게 말하려고 노력하는 사람들이, 작가들이 늘어나고 있어요. 저도 그 일원인 것 같고요. 사회를 전반적으로 덮은 혐오, 쉽게 빠져드는 혐오에도 맞서고 있고 문학계 안에서도 노력하고 있습니다. 예를 들어 "한국문학은 낡았어, 안 읽을래!" 하고 뭉뚱그리는 사람보다는 "내가 좋아하는 작가는 누구누구고, 그 사람의 새 작품을 기다리는 건 즐거워!"라고 말할 수 있는 독자가 더 필요한 시점이라 작가들이 먼저 변하고 손을 뻗어야 한다고 생각해요. 책임은 항상 작가들에게 있으니까요.

아사이 저도 이제까지 작품에서 혐오의 목소리 쪽이 들리기 쉽다고 쓴 적이 있습니다. 일본에서도, 특히 인터넷에서는 어느 쪽인가 하면, 싫어하는 것에 대한 말이 많아서 세상에는 그런 감정이 더 많은 게 아닌가 여겨질 때가 있습니다. 하지만 좋아하는 것을 이야기할 때는 그리 큰 소리를 내지 않으니 싫어하는 것을 선언하는 소리가 크게 들릴 뿐이죠. 그건 한 사람 한 사람의 목소리 크기가 다를 뿐이라고 느낍니다.

사회자 좋아하고 싫어하는 것과 관련해서, 아사이 씨는 얼마 전 〈도쿄신문〉(2015년 7월 8일 석간)에서 "공감할 수 없는 것이기 때문에 이해하려고 궁리한다"라고 쓰셨죠.

아사이 '공감할 수 없어서 따분했습니다'가 독서에서 가장 서글픈 감상이라고 하는데, 저는 공감할 수 없는 책을 만나면 제 윤곽이 조금 변한 기분이 들어서 기뻐요. 제가 알지 못하는 생각, 아직 도달하지 못한 무엇이 있는 것 같아서 더 읽게 되고 알고 싶어지니까요. 공감할 수 없다고 거기서 책 읽기를 그만둬버리면 자신의 형태가 일절 변하지 않은 채 어른이 돼버리지 않나 생각합니다. 특히 지금은 검색하면 뭐든 답이 나오고 그게 당연하게 여겨져서, 자기가 생각해서 답을 내기보다 누군가 낸 답을 발견하는 일이 많죠. 일본의 동 세대 사람들도 자기 힘으로 세상일을 생각할 기회가 줄어들고 있지 않나 하고 느끼고 있습니다.

정세랑 어디선가 읽었는데 번아웃증후군(탈진증후군)이 최근에 큰 문제잖아요. 번아웃증후군의 가장 좋은 치료 중의 하나가 독서라 하더라고요. 음악 청취나 영화 감상보다 독서를 했을 때 훨씬 치료 효과가 높았다고 합니다. 어쩌면 아사이 료 씨가 말씀하신 것처럼 자기 자신을 발견하기 좋은 매체라서 그런 게 아닐까 싶네요. 그런 의미에서 다양한 장르가 풍성하게 존재하고 문학층이 두꺼운 일본 분들이 유리하지 않을까, 그런 생각을 자주 했었어요.

아사이 확실히 일본의 출판업계는 '사양斜陽'이라는 소리를 듣기도 합니다만, 문호라고 불리는 분들의 이름이 지금도 굉장히 상력해서 다들 알고 있죠. 나쓰메 소세키나 다자이 오사무 같은 분들이

정세랑 × 아사이 료

지금도 새로운 독자를 끌어들이고 있어서 저 같은 세대의 작가에게도 힘을 내려부어주는 기분이 듭니다.

장세랑　일본 안쪽에서 보는 시선은 다를 수도 있겠지만, 바깥에서 보면 굉장히 활기 있고 새로운 일들이 벌어지는 곳 같아요. 세계적으로 손에 꼽을 수 있는 큰 시장이 있고, 꾸준하고 애정 넘치는 독자들이 있고, 본격적으로 문학적인 작품과 대중적인 작품의 밸런스가 좋은 편이라 부러웠습니다. 한국 출판계에서 자주 벤치마킹하고 있어요. 지금 출판 산업이 어려운 건 전 세계적인 시류지만, 기존에 건강한 체질을 만들어놓은 나라일수록 위기를 잘 넘길 수 있을 거예요.

아사이　일본에서는 전차에 타면 책보다 스마트폰 화면을 보는 사람이 많다는 얘기가 들립니다. 물론 짧은 문장에 너무 익숙해져 있거나, 소설처럼 바로 답이 나오지 않더라도 장기적으로 인생에 영향을 끼칠 만한 것을 제대로 맛볼 여유가 없어서라고 생각은 하지만, 뭔가 '문장을 읽고 싶다' '재미있는 정보를 접하고 싶다' 하는 마음이 줄고 있다기보다는 그저 경쟁 상대가 늘고 있다고 볼 수도 있을 것 같습니다. 그래서 일본의 작가 중에는 책이라는 형태를 남기려고 노력하는 동시에 그 밖의 매체로 소설을 읽히려고 유료 메일 매거진 등을 개설하는 사람도 늘었습니다.

장세랑　한국 같은 경우는 웹소설이 곧 대세가 되지 않을까 예상합니다. 그 물결이 아직 본격문학까지 이르진 않았지만 시간문제일지도

요. 점점 책의 종이 몸, 물질적인 형태가 중요해지지 않는 듯해서 아쉬울 때도 있지만 형태가 바뀐다고 해서 소설의 가치가 낮아질 거란 생각은 하지 않아요. 몇 년 전부터 전자책 단말기를 쓰는데 종이책과는 또 다른 매력이 있더라고요. 특히 여행을 떠날 때 책 열 권을 넣어도 200그램이라 정말 좋은 동반자예요. 기술혁신이 새로운 독자들을 유입할 수 있으면 좋겠어요. 여러모로 변화의 시기인 것 같아요. 이 시기를 이겨내면 계속해나갈 수 있을 것이고, 실패한다면 커다란 세대교체가 있을지도 모르겠습니다.

아사이　일본에서는 새로운 것을 두려워하는 마음이 강해서 웹소설이나 전자책에 대한 저항도 아직 느끼지만, 그건 단순히 익숙함의 얘기잖아요. 지금 학교에서 시험적으로 전자 교과서를 쓰고 있거나 집에서 전자 단말기로 숙제를 하는 초등학생 입장에서는 처음 접하는 게 전자니까 전자 단말기로 책을 읽는 게 당연해지겠죠. 10년 후나 20년 후, 그들이 20, 30대가 되었을 때 전자책 형태로 소설을 제대로 읽도록 우리 세대 작가들이 열심히 힘내지 않으면 안 되겠다 생각하고 있어요.

정세랑　전에 인터넷에서 보니 일본에서는 이력서를 아직도 손으로 쓴다고 한국 사람들이 굉장히 신기해했는데, 정말 그런지 갑자기 궁금하네요.

아사이　정말입니다. 손 글씨로 쓴 사랑 같은 것을 믿는 사람이 굉장히

　　　　　　　　　　　　정세랑 × 아사이 료

많습니다. 사랑, 그 '러브'요.(웃음) 시간과 수고를 들인 쪽이 더 대단해 보인다는 거죠. 한국에서는 이제 이력서를 손 글씨로 쓰지 않나요?

정세랑 한국에서는 이력서를 디지털화한 게 거의 10년 정도 되지 않았나 싶어요. 이제 손으로 쓰는 이력서는 기억도 가물가물하거든요. 그런 면에서 한국이 더 변화가 빠르네요.

아사이 정말입니까! 부러워라!

정세랑 그런 점에서 편리하지만, 손 글씨도 나름의 장점들이 있겠죠. 주변에 만년필 좋아하는 분들이 많은데, 일본의 만년필 잉크를 아주 좋아하시더라고요. 디지털화하지 않은 부분들이 낭만적이고 멋질 때도 있으니까요.

아사이 그 밸런스가 중요한데요. 남겨야 할 손 글씨 문화도 있지만, 딱히 그러지 않아도 좋은 데까지 손 글씨 문화가 남아 있는 게 일본이구나 싶습니다. 뭔가 판단하는 입장에 있는 사람은 새로운 것을 받아들이는 데 겁을 먹어버리죠.

정세랑 정말 밸런스가 중요한 것 같아요. 일본 같은 경우는 옛날 거리를 지역공동체가 힘을 합쳐 잘 보존하는 편이잖아요. 건축 다큐멘터리를 본 적이 있어요. 거리의 조화를 세세한 규정으로 약속하고, 그러면서도 과학적으로 화재의 위험을 줄이고요. 그 과정들이 흥미로웠어요. 새로운 것에 거부감이 너무 없다 보면 오래된 것을 잘 보존하지 못하는 경우도 생기니까요. 그런 밸런스는 일본과 한국의 중간쯤이 좋지 않을까 생각해요.(웃음)

아사이 아마 오늘 들으러 와주신 대학생분들은 얼마 있으면 손 글씨 이력서에 몇 시간이나 할애해야 하는 대단한 불모의 시간을 보내게 될 거라고 생각합니다. 여전히 그렇습니다. 한 글자라도 잘못 쓰면 한 번 더 처음부터 다시 쓰지 않으면 안 되니까 너무나 비합리적이에요. 어떤지 얘기 좀 해주세요, 진짜.(웃음)

사회자 생각지 못한 곳에서 한국과 일본의 문화 차이가 드러났군요.(웃음) 그런데 두 분은 앞으로 어떤 것을 쓰고 싶고 어떻게 활동해가고 싶으신가요?

아사이 아까 일본인은 새로운 것에 겁을 낸다고 얘기했는데 저 자신이 그렇습니다. 세상에 새로운 것이 나오면 수면에 돌을 던졌을 때처럼 주위가 흔들리잖아요. 그 안의 두려움이나 분노, 위화감에 대해 깊이 생각해보면, 던져진 것이 아무리 새로운 거여도 굉장히 원시적이고 보편적인 것이 나타나죠. 거기서 언제나 소설의 메시지를 발견하고, 쓰고, 내놓는다는 기분이 듭니다.
동시에 저는 소설에서 '코팅의 힘'도 중요하다고 생각합니다. 예를 들어 최신간인 『부도칸武道館』에서는 아이돌을 제재로 삼았습니다. 거기서 정말로 쓰고 싶었던 것은, 그 아이돌이라는 이물異物이 탄생한 데서 일어난 파문과, 아이돌 주위에 있는 우리들

정세랑 × 아사이 료

아사이 료의 소설 『부도칸』 표지.

소비자의 정신에 대해서였습니다. 다만 처음부터 그런 이야기만
하면 들어주는 사람이 별로 없을 겁니다. 하지만 '아이돌 이야기
입니다'라고 달콤한 껍질로 코팅하면 '아이돌 그룹의 성공담인
가?' 하고 집어 드는 사람도 있죠. 그런 식으로, 앞으로도 소설
로써 보통이라면 가 닿지 못할 곳까지 메시지를 전달하고 싶고,
조금 전에도 얘기한, 자기 머리로 생각할 기회가 줄고 있다는 것
에 대해서 생각의 계기를 조금이라도 만들어주는 작품을 쓰고
싶습니다.

정세랑　『부도칸』에 대한 이야기를 들을수록 더 읽고 싶은데 큰일이네요. 한국 담당 출판사가 어딘지 알아내서 얼른 내달라고 졸라야겠어요. 저 같은 경우는 한국에서 문학이 뭐랄까…… 소수의 취미처럼 되어가는 부분이 가장 걱정이에요. 독자들이 점점 줄어들고 읽는 사람만 읽는 어떤 특별한 취미 같은 게 되어가는 듯한데, 모국어 문학이 그런 식으로 시들해지면 큰 문제죠. 그럴수록 대중소설가가 필요한 것 같아요. 좀 더 문학 바깥에서 문학을 하는, 문학의 경계선을 멀리멀리 밀어내는, 미래 세대의 독자들을 끌어들이는 그런 작가요. 그런 작가가 되고 싶지만 대중소설가는 스스로 되는 게 아니라 대중의 선택을 받아야 될 수 있는 거니까 아직 방법을 잘 모르겠어요. 고민을 많이 하고 있어요.

아사이　어쩌면 다른 작가에 비해 젊은 세대의 독자가 많으면 되지 않을까요. 그것은 커다란 강점이지요. 그 사람들이 독서를 좋아하는 채로 나이가 들고 그게 아래 세대로 이어지면, 제가 장기적으로 좋은 영향을 끼치는 거라고 믿습니다. 책 읽기의 형태가 나이를 먹어서 "요즘 젊은 작가의 작품은 얄팍하다"라든지 하는 소리를 들었다고 해도, 지금 시점에서 젊은 독자를 얼마나 얻을 수 있을까 하는 걸 최근 많이 생각합니다.

정세랑　마찬가지로 그런 생각을 많이 해요. 특히 10대 후반에서 20대 초중반의 독자들이 읽어줬을 때 더욱 그런 것 같습니다. 아주 조그만 화살표가 되는 기분이에요. '독자들의 삶에 좋은 방향으

　　　　　　　　　　　　　　정세랑 × 아사이 료

로, 크게는 아니지만 작용하고 기여했구나' 하고 직업적인 만족감을 얻어요. 저도 힘을 많이 얻는 순간입니다.

아사이 예전에 읽은 책 한 줄이 수년 후 인생의 어떤 국면에서 떠오르거나 하는 일이 있는데, 제 작품이 그렇게 되어주면 굉장히 좋겠네요.

저는 데뷔 때부터 "현대에 일어나는 것을 젊은이의 시선으로 써간다"라는 얘기를 자주 들었습니다. "5년이나 10년 뒤에 변모할, 후세에 남지 않을 것을 쓰고 있다"라는 얘기 같은 기분이 들어서 기쁘게 느끼지 않는 시기도 있었지만 지금은 거꾸로 자랑으로 생각하고 있습니다. 예를 들어 지금이라면 만날 수 없어도 메시지를 보내면 끝이지만, 메시지가 없던 시대에 쓰인 소설에는 그렇기 때문에 태어난 그 시대 특유의 감정 같은 것이 남아 있잖아요. 제 소설도 그런 어떤 종류의 자료처럼 남는다면 그것도 좋겠다고 생각합니다. 최근에는 5년 후에 읽으면 알 수 없을 감정을 지금 써두고 싶다고 생각할 정도예요.

정세랑 저는 쓰는 게 말하는 것보다 훨씬 편해서 작가가 됐는데, 작가가 되면 사람들 앞에서 말할 기회가 굉장히 많아진다고 아무도 말해주지 않았어요.(웃음) 그래서 처음엔 당황스러웠지만 천천히 익숙해졌어요. 아까도 여기 들어오기 전에 아사이 료 작가님과 둘 다 배 위쪽을 만지면서 "아, 긴장된다" 이야기했거든요. 일본어를 못해도 그 말은 알아듣겠더라고요. 두 사람 다 같은 자세로 서서 배를 만지고 있었어요. 저한테는 아주 긴장될 때 하는 마인드컨트롤이 있는데, 머릿속으로 '나는 금동반가사유상이다, 금속이다, 배도 안 아프고 땀도 안 나고 아무 생각 없이 평온한 금동반가사유상이다' 하고 중얼거려요. 혹시나 사람들 앞에 설 때 많이 긴장하시는 분들이 있을까 싶어 말씀드려요.

아사이 "나는 금속이다"라니, 난이도가 너무 높지 않습니까?(웃음) 그래도 확실히, 사람들 앞에서 말할 일이 많다는 것, 그리고 자영업자로서 세금 신고하는 방법 등은 일찌감치 가르쳐주셨으면 좋았을 것 같네요.(웃음)

정세랑 일본도 복잡하군요? 한국도 엄청 복잡해요. 세금 신고 어려워요!(웃음)

정세랑 × 아사이 료

다정히 생각하는 아사이 료 작가님께

마지막으로 뵌 게 벌써 2년이 넘게 지났습니다. 한국에서 작가님의 책이 번역
되어 나올 때마다 반가워하고 있어요. 가장 최근에 나온 작가님의 산문집 『시간
을 달리는 여유』를 읽다가 얼마나 큰 소리로 웃었는지 몰라요. 소설과 비슷한 듯
다른 톤이 좋았습니다. 일부러 느리게 아껴 읽으려고 하는데 쉽지 않네요. 가끔
은 쓰신 글이, 머릿속에서 작가님의 목소리로 읽히기도 합니다. 물론 번역된 문
장에 작가님의 톤이 입혀질 뿐이지만, 목소리를 알고 있다는 것이 그렇게 작용
되는 것 같아 신기해요.

저도 그동안 소설 근처 다른 영역을 다양하게 탐험하고 있었습니다. 아직 출간
되진 않았지만 산문도 쓰고, 동화도 쓰고, 영상 쪽 시나리오 작업들도 해보았는
데 소설과는 다른 매력을 발견했습니다. 물론 소설이 제일 잘 맞는다는 결론에
다다르곤 하지만요. 그때 새로 시작하신다던 작업은 어떻게 되었나요? 그간 작
가님이 해오셨을 다양한 실험과 탐험에 대해 듣고 싶은 마음입니다. 소설이 아닌
장르의 글을 쓰실 때 어떤 느낌을 받으셨는지도 궁금하고요.

지난번에 뵈었을 때는 한국 문학계에 대해 여러 가지 걱정했던 것으로 기억하
는데, 그런 회의와 낙담은 2년간 크게 사라졌습니다. 이건 기쁜 소식이네요. 한
국 문학계에는 새로운 목소리를 가진 좋은 작가들이 대거 등장하여 성장하고
있습니다. 전복적인 움직임이라고 부를 수 있겠네요. 작가들과 독자들 사이의 연
결이 한층 강해졌고, 재미있는 흐름들이 생겨서 설레는 중입니다. 무엇보다 예전
보다 외롭다는 생각이 덜 듭니다. 작가님께도 좋은 동료들이 많이 생겼겠지요?
각자의 고민들을 각자의 방식으로 하는데 그것을 약간 멀리 떨어져서 보면 근사
한 풍경이 되는 그런 시기가 앞으로 펼쳐지지 않을까 합니다. 일본 문학계에도
흥미로운 일들이 많았나요?

요즘의 고민은 소설에 집중할 시간이 점점 부족해진다는 것입니다. 만나야 할 사람들이, 새로운 제안들이, 가야 할 행사가 너무 많아서 정작 쓸 시간을 확보하기가 쉽지 않네요. 기회비용에 대해서도 자주 생각하게 됩니다. 어떤 일을 어떤 기준으로 받아들여야 할까요? 동시에 여러 주제가 떠오를 때 어떤 걸 먼저 써야 할까요? 작가님이라면 왠지 말끔한 기준을 가지고 계실 것만 같습니다. 고민이 깊어지면서 덕분에 점점 아침형 인간이 되어가고 있어요. 작가님도 이른 시간의 맥도널드에서 매일 쓰고 계시겠죠? 서울에서 뜬 해가 30분 후에 도쿄에서도 뜨는 걸 떠올리면, 초등학교 때 배운 것인데도 신기합니다. 부디 작가님만의 충실한 시간들을 잘 지키고 방어하고 계시길요.

지난겨울엔 며칠 도쿄에 사는 친구를 방문하러 갔었습니다. 작가님과 함께 이야기를 나눈 장소 근처를 지날 때, 마음속에 좋은 패의 카드를 숨겨놓은 듯 기쁨이 번졌어요. 서점에 들어가서 눈에 띄는 자리에서 작가님의 책을 바로 찾았을 때도요. 책으로 마주치다가 또 뵐 수 있기를 바랍니다. 늘 응원할게요!

2017년 겨울

서울에서 세랑 드림

마음으로부터 경애하는 정세랑 작가님

"마지막으로 뵌 게 벌써 2년이 넘게 지났습니다"—보내주신 편지의 첫머리를 읽고 정말로 깜짝 놀랐습니다. 체감하기로는 짧지만, 많은 것이 바뀐 느낌입니다. 대담을 원고로 읽어보니 '일본인은 새로운 것을 두려워한다' 하는 발언이 있었는데, 거기에 점점 박차가 가해지는 인상이 듭니다. (어느 나라든 마찬가지일 수 있지만) 일본에서는 뭐든 인공지능으로 대체되는 풍조가 나날이 강해져서, 저도 자주 소설이나 만화, 영화 등의 예술 분야가 받을 영향을 생각합니다. 개인적으로는 '인공지능 VS 인간'이 아니라 '인공지능 with 인간'이라는, 대립이 아니라 공존의 관계를 구축해가고 싶은데, 인공지능이 쓴 초단편쇼트쇼트스토리 문학상의 1차 심사를 통과한 사건이 국내의 관심을 모아, 점점 남의 일이 아닌 것 같은 인상입니다. 그런 중에 '인생'이 없는 인공지능이 산문을 쓰는 일은 없겠지, 같은 생각을 하고 있었건만 설마 세랑 작가님이 제 산문집을 읽으셨다니! 놀라움과 기쁨이 한가득입니다. 즉, 제 엉덩이가 엄청난 상황이 돼 있는 것을 알아버리셨다고 생각하는데, 그나마 안심해주세요. 그로부터 수년이 지난 지금, 병상은 악화되어 있습니다. 앉아서 일을 하는 시간이 긴 우리들입니다. 남의 일이 아니에요.(웃음)

저도 대담 때 화제에 올랐던, 제과 학교를 무대로 한 작품의 번역 출판을 남몰래 기다리고 있는 나날입니다. 『이만큼 가까이』를 읽고 나라는 달라도 우리가 마음속에 품고 있는 것에는 커다란 차이가 없단 걸 재확인할 수 있어서, 더욱더 한국문학에 흥미가 쌓이고 있습니다. 얼마 전에 번역 출판된 김연수 씨의 『원더보이』 등도 대단히 재미있었습니다. 부디 세랑 작가님의 신작과 아울러 다음엔 한국문학 추천작들을 알려주세요.

아, 그러고 보니 2년 전의 대담 뒤에 일본 작가 여섯 명이 차세대 독자에게 추

천하는 책을 열 권씩 거론해 서평을 쓰는 기획에 참가했었어요. 그게 『너에게 보내는 책きみに贈る本』이라는 한 권으로 묶였는데 거기에 『이만큼 가까이』도 소개했습니다. 그러자 일본의 젊은 독자로부터 "처음으로 한국 소설을 읽었는데 굉장히 재미있었다"라는 감상이 온 거예요. 책은 세계를 응시하는 시점을 부여해줍니다. 하나의 시점으로 잡아낸 것만으로는 도저히 알 수 없는 복잡한 입체물인 이 세계를 내 나름대로 정성껏 이해하고 싶다—이런 독자의 내적 바람을 『이만큼 가까이』가 거들어준 모양인데, 무척 마음 든든합니다.

그리고 한국 문학계의 변화에 대해 가르쳐주셔서 감사합니다. 밝은 내용이라 부럽고, 배우고 싶은 마음입니다. 대담 때는 '바깥에서 보면 일본 출판계는 무척 활기 있게 다양하고 새로운 일이 일어나는 장소로 보인다'라고 말씀하셨습니다만, 멋진 편지를 받은 지금, 그 말을 그대로 보내드리고 싶습니다. 천지를 뒤엎는 움직임이 어떤 식으로 발생해 어떻게 전개되는지 절대로 또 말씀을 듣고 싶습니다.

그리고 세랑 작가님 자신도, 동화나 영상 시나리오 등 작업의 폭을 훨씬 넓히고 계신 듯하네요. 그만큼 새로운 고민도 생겨나고 있다는 말씀일 테지만, 충실한 상태에 있는 필자에게만 깃드는 빛 같은 것을 느껴 참으로 믿음직하고 부러운 기분으로 읽어버렸습니다. 어떤 일을 어떤 기준으로 받아들여야 할지 저도 늘 고민합니다. 다만 최근에는 사회에 끼칠 영향력이나 나의 성장, 보수 등을 기준으로 일을 판단하는 건 그만두었습니다. 그 일을 하는 나 자신을 좋아하는가, 이 한 점에서 사물을 생각하고 있는 것 같습니다. '작가로서 건강한 심신으로 오래 활동한다' 하는, 가장 중요하며 또한 대전제라고도 할 수 있는 상태를 지키려면, 내가 계속 좋아하고 있어야만 하는 게 실은 무척 중요하다는 느낌이 들기 때문입니다.

여러 개의 테마가 동시에 떠올랐을 때 어느 것을 우선해서 쓸 것인가. 그것은 저 역시 무척 자주 생각하는 것이라서 편지의 문면을 읽고 깜짝 놀랐습니다. 개인적으로 오늘날 소설의 최대 약점은, 마음에 떠오른 테마를 작품으로 세상에 던지기까지 시간이 걸리는 점이란 생각이 듭니다. 정보 과다의 시대를 사는 우리는 '기다리는 것'에 점점 더 서툴러지고 있잖아요. 할 수 있는 한 독자를 기다리게 하지 않겠다고 생각은 하지만, 시간을 들여서 써야만 깊어지는 테마도 있어서 어떡해야 할지 계속 고민하는 중입니다.

그나저나 11월에 『피프티 피플』로 제50회 한국일보문학상을 수상하셨다고 들었습니다. 정말로 축하드립니다! 대담 때 대중소설가가 되고 싶다고 말씀하셨던 것이 무척 인상적이었는데 그로부터 2년이 흘러 정말로 대중에게 선택받은 소설가가 되셨네요. 편지의 문장마저 빛이 가득한 세랑 작가님이 자아낸 새로운 소설 세계에 저도 얼른 발을 들여놓고 싶습니다.

저 자신의 실험과 탐험에 대해서도 더 많이 전하고 싶었는데 눈 깜짝할 사이에 글자 수를 척척 쌓아버렸습니다. 여기서 전부를 써버리면 다음 만나 뵐 기회의 즐거움을 빼앗아버리잖아요. 편지에 답장을 쓰면서 묻고 싶은 것, 물어주셨으면 하는 것이 넘쳐나서 우리는 아직 더 교류를 계속해야 한다는 확신이 듭니다. 30분 차이로 나타나고 사라지는 태양과 함께 나날의 작업을 쌓아가면서, 동시에 또 언젠가 시차 없는 빛 아래 모일 수 있기를 기대하며 기다리겠습니다. 그때는 선물해주신 넥타이를 매고 갈게요. 저야말로 줄곧 응원하고 있습니다!

2017년 겨울

도쿄에서 아사이 료

기슬기
오카다 도시키

기슬기　사진작가. 1983년 서울에서 태어나 서울예술대학교와 상명대학교에서 사진학을 전공했고 런던 슬레이드대학에서 파인아트미디어과 석사과정을 졸업했다. 2013년 서울시립미술관 신진작가 전시 지원에 선정돼 갤러리조선에서 개인전 ⟨Unfamiliar Corner⟩를 가졌다. 같은 해 독일 노르트아르트 국제전에 참여했고, 마젠타재단의 '플래시포워드 UK' 수상자로 선정됐다. 경기도 미술관 ⟨생생화화⟩, 도쿄 국립신미술관 ⟨Artist File⟩, 스페이스K ⟨Enfolded Order⟩, 두산갤러리 ⟨Sub/Ob-Ject⟩ 등의 개인전과 단체전을 가졌다.

오카다 도시키岡田利規　극작가, 연출가, 소설가. 1973년 일본 요코하마에서 태어났다. 게이오대학교 상학부를 졸업해 1997년 극단 첼피츄Chelfitsch를 창단했다. 2004년 연극 ⟨3월의 5일⟩로 기시다구니오상을 받았으며, 한국과 유럽 등에 연극이 소개돼 호평을 받았다. 2007년 첫 소설집 『우리에게 허락된 특별한 시간의 끝』을 출간해 오에겐자부로상을 받는 등 연극과 문학 모두에 뚜렷한 발자국을 남기고 있다.

사진작가 기슬기와 극작가 오카다 도시키,
교집합이 없어 보이는 두 사람의 인연은
도쿄 국립신미술관에서 작품과 관객으로 시작됐다.
둘의 첫 만남이 성사된 곳은 일본의 천년고도 교토.
시간의 깊이를 간직한 곳에서
그들이 나눈 이야기는……

시계로는 잴 수 없는 시간

리얼한 각도에서는
보이지 않았을 이야기

오카다   오카다 도시키입니다. 오늘 와주셔서 감사합니다. 지금 이 마이 크스탠드에 달고 얘기할지 핸드 마이크를 사용할지 고민 중입 니다.(웃음) 그리고 지금 알았는데, 프로필 사진과 같은 옷을 입 고 있군요. 옷이 이것밖에 없는 것 같네요.(웃음) 뭐, 별로 없긴 해요.

처음에 "〈한일 차세대 문화인 대담〉에 참가해보지 않으시겠어 요?"라는 말을 들었을 때, 어떤 사람과 이야기를 하고 싶은지 제 가 정해도 좋다고 하셨거든요. 그 무렵 도쿄 국립신미술관에서 일본과 한국의 현대미술 작가 그룹전 〈Artist File 2015 — 옆방: 일본과 한국의 작가들〉이 열리고 있었습니다. 저는 그걸 보러 가서 기슬기 씨의 작품에 압도되었어요. 슬기 씨의 이름조차 모르는 상태에서 보러 간 것인데, 슬기 씨와 이야기해보고 싶다고 생각했습니다. 결국 이렇게 대담이 실현되었습니다.

슬기 씨가 어떤 활동을 하는 사진작가인지 지금부터 슬기 씨 본인이 간단하게 설명해주시기로 돼 있습니다. 그 후에 제가 어떤 부분에 압도되었는지 이야기하면서 대담을 시작하고 싶습니다. 그럼 슬기 씨, 작품 설명을 부탁합니다.

기슬기   안녕하세요. 기슬기라고 합니다. 우선 작품 설명을 조금 드린 다음에 제가 어떻게 이 작업을 시작했는지, 어떤 의도를 가지고 있는지 말씀드리겠습니다. 우선 다른 작품들도 있지만 오카다 씨의 작품과 이야기를 나눌 수 있는 작업에 대해서 먼저 설명을 드리도록 하겠습니다.

(슬라이드 사진을 가리키며) 지금 이 작품은 아일랜드에서 촬영한 건데, 〈Post Tenebras Lux〉라는 작업입니다. 라틴어인데요, 말뜻은 '어둠 뒤에 빛이 있으라'입니다. 문장에도 내포된 내용이지만, 시간의 관점에서 봤을 때 어둠과 빛의 양면성이 모두 포함되어 있습니다. 또 여기 이 이미지에서 나오는 어떤 형태들이 있는데, 이러한 형태들은 저의 충동적인 움직임으로, 그러니까 신체의 움직임으로 나타난 거라고 보시면 됩니다. 저는 이 작업을 하기 전부터 보이지 않는 것들을 대상화하는 데 관심을 가지고 있었습니다. 이번 작업에서 〈Post Tenebras Lux〉라는 작품은 항상 소리가 흐르고 있습니다. 숲속에서 나타낸 움직임을 2차원의 공간으로 재현한 것인데, 제가 작업한 이미지가 신체의 움직임을 담았기 때문에 소리 같은 느낌이 들어요. 그래서 소리와

이미지를 같이 전시해보면 어떨까 했습니다.

오늘 오신 분들 중에 사진 작업을 하시는 분도 계시겠지만, 실은 도쿄 국립신미술관 전시는 조금 힘겨운 전시였습니다. 그 이유는, 저는 시각 미술을 하는 작가이기 때문에 혼자 생각하고 머릿속에 있는 것들을 재현하는 방식이 조금 힘겹다고 생각했어요. 공감할 수 있는 누군가를 찾고 싶었어요. 그러던 중에 참여하게 된 전시가 도쿄 신미술관 전시였습니다. 그때 오카다 씨께 연락을 받았습니다. 그게 저에게 얼마나 큰 의미가 있었느냐 하면, 혼자 생각하던 것들에 언어가 다르고 매체가 다르고 문화가 다른 누군가 관심을 가져준다는 느낌이 저를 계속 행복하게 만들었던 것 같습니다. 여기까지 간단하게 제 작업을 설명드렸습니다.

오카다   감사합니다. 〈Post Tenebras Lux〉는 제가 충격을 받은 시리즈의 하나입니다. 제가 굉장히 놀란 것은 '눈에 보이지 않는 것'이라고 하면 좋을지 혹은 '기적'이라고 하면 좋을지, 그런 것을 형태로 만들고 있다는 것. 좀 더 정확히 말하면, 본 사람이 그런 경험을 얻을 수 있게 정말로 명확한 형태로 제시한 것에 놀랐습니다.

〈Post Tenebras Lux〉에 관해 제가 마음속으로 정한 것이 있습니다. 실제로 만나 뵙고 이야기를 들을 때 '이 작품을 어떻게 만들었는지는 묻지 말자' 하는 거예요. 자연 풍경 속의 이 수수께끼 같은 물체가 어떻게 만들어져 있을까. 처음 봤을 때는 천과 연기의 중간이라고 생각했지만 그런 것이 있을 리 없어서 깜짝 놀랐습니다. 그런 것을 상상해서, 상상할 뿐만 아니라 이렇게 눈에 보이는 형태로 만들어버리는 데 아무튼 놀란 겁니다.

기슬기 좋게 봐주셔서 감사합니다.(웃음) 그렇게 많은 생각을 하지는 않았는데 너무 잘 봐주신 것 같아 영광입니다.

오카다 부정적일 사람이 있나요?(웃음)

기슬기 어떻게 만들었는지 묻지 않겠다고 하시니 저도 어떻게 만들었는지 이야기하지 않도록 하겠습니다.(웃음) 사실 그걸 알면 너무 가볍게 받아들이는 분들이 계실 것 같아요. 저희 어머니도 제가 뭘 하고 있는지 매번 궁금해하세요.(웃음)
저는 한 작업이 끝나면 그 작업을 다시 돌아보는 일이 그리 많지 않아요. 그런데 오카다 씨를 만나서 제 작업을 다시 바라볼 기회가 생겼어요. 작품 속의 어떠한 형태들은 제 신체 움직임으로 만들어지는데, 저는 그 형태에만 관심을 가지고 있었지 그 형태를 만드는 제 행위에는 관심을 두지 않았어요. 그러다 오카다 씨의 작품을 보면서 제 작업 안에 표현된 행위의 의도가 무엇인지 다시 생각해보게 되었습니다.

오카다 지금의 코멘트를 듣고 꼭 보고 싶은 것이 〈Unfamiliar Corner〉라는 작품입니다. 이 시리즈는 지금 말씀하신 것을 더 알기 쉽게 제시할 수 있지 않을까 하는 생각이 드는데 슬기 씨는 어떠세요?

기슬기의 사진 〈Post Tenebras Lux_04〉.

기슬기   네, 우선 〈Unfamiliar Corner〉의 이미지를 보여드릴게요. 사실 이 작업이 아까 보여드렸던 작업 이전의 작업들입니다. 지금 생각해보면 작업을 하는 평면 틀 밖의 이야기들, 틀 안에서는 보이지 않는 공간에 대한 궁금증, 이러한 것들을 아마 이때부터 표현하려고 했던 것 같습니다. 이 작업의 시작은 굉장히 단순했습니다. 제 주변 공간에 대한 것이거든요. 매번 집에 가는 길에 '이 길을 돌아서면 어떤 길이 나올 거야' 그리고 '이 길을 지나가면 우리 집이 나올 거야' 싶은 그런 공간들이 머릿속에 있잖아요. 어느 날 전시 공간이 아니라 전시 공간의 한 부분, 어떤 코너일 수도 있는데, 그런 공간들을 곰곰 생각해보니 거기에 제 신체의 일부가 늘 경계에 서 있던 거예요. 이 작품을 보시면 어떤 모퉁이에 제 발이 있어요. 그게 없다면 그것에 별다른 의미를 부여하거나 그 뒤쪽에서 일어날 일들을 짐작하기 어려운데, 그 경계에 제 신체를 갖다 놓음으로써 달라집니다.

그나저나 저도 오카다 씨의 작품에서 궁금했던 것을 여쭤보고 싶어요. 단순하게 작품의 주제라든가 어떤 개념에 대해서가 아니라 작품을 만드는 과정에 대해서 궁금한 것이 많은데 이 기회에 그런 것들을 여쭤봐도 괜찮을까요?

오카다   그럼요. 가볼까요?(웃음)

기슬기   준비되셨어요?(웃음) 작가로서의 오카다 씨에게 궁금증이 더 많아요. 이번 연극 〈방에 흐르는 시간 여행部屋に流れる時間の旅〉을 본 소감을 같이 이야기하면 좋을 것 같아요. 저는 오카다 씨의 작품

기슬기의 사진 〈Unfamiliar Corner_01〉.

이 왜 좋은가 하면, 그냥 아코디언의 주름상자 같은 느낌이 들거든요. 특히 이번 연극의 경우에는 시간이 확장되는 느낌, 그걸 오카다 씨만의 해석으로 충분히 보여준 연극이 아니었나 싶어요. 저는 연극이라는 매체에 많은 관심을 갖지는 못했어요. 왜냐하면 저의 선입견으로는 리얼하지 않게 느껴지는 거예요. 그런데 이번 작품을 보고 '현재의 시간과 다른 시간대를 표현하기에 굉장히 좋은 매체구나, 그것을 오카다 씨만의 방식으로 잘 해석하고 표현하고 있구나' 하는 생각을 했습니다. 심지어 비현실적인 부분이 더 리얼하게 느껴지기도 했던 것 같습니다. 저는 두 번 연극을 보고 주변 분들에게 이야기했는데, 이 연극을 두 번 봤는데 첫 번째도 그렇고 두 번째도 느꼈던 점이 '어, 벌써 끝났어?' 하는 것이에요. 분명 재미가 있어서 몰입한 것 같습니다. 어쩌면 자막에 너무 집중했기 때문인지도 모르지만요.(웃음) 제가 말씀드린 시간을 확장하는 방식들을 이번 연극에서 일부러 의도적으로 시도하셨는지, 연결 관계가 있는지 여쭈어보고 싶습니다.

오카다   '시간을 확장한다'라는 게 제가 언제나 말하고 있는 것입니다. 언젠가 연극이 시간을 잡아 늘일 수 있다고 깨닫고 그 뒤로 관심을 갖기 시작했습니다. 시간이 "아코디언의 주름상자"라는 것은 재미있는 비유라고 생각합니다. 말 그대로 늘거나 줄거나 하다니.(웃음) 뭐, 그래도 그건 인간이 평소 일상을 보내면서 경험하는 것이기도 합니다. 시계로 재는 일정한 시간도 길게 느껴질 때가 있고 그렇지 않을 때가 있죠. 연극은 그것을 조작할 수 있는 겁니다. 다만 그러려면 배우의 힘이 필요하죠. 그게 제일 어려운 부분이에요. 배우는 시간을 잡아 늘이는 힘을 갖고 있습니다. 누구에게나 가능한 것은 아닙니다. 제게 있어서 좋은 배우란 그게 가능한 사람입니다.

기슬기   말씀을 들으니까 생각나는 것이, 〈방에 흐르는 시간 여행〉은 이제까지의 작품에 비해 배우의 신체 움직임이 억제된 듯한 기분이 들었습니다. 저는 오카다 씨의 작품 세계에서 이를테면 무거운 테마나 동시대의 사건·사고를 희화화해서 강한 인상을 주는 점을 좋아했는데 이 작품에서는 그런 부분이 배제된 것 같아요. 그걸 의도하셨는지 궁금합니다.

오카다   그것을 의도한 이유가 몇 있습니다. 하나는, 예를 들어 신체 움직임을 과장해서 희화적인 것을 만족스러운 형태로 만들어내고 나면 그다음에는 전혀 그렇지 않은 것이 하고 싶어지거든요. 반대편으로 날아가 보고 싶어지는 거지요. 어제와 오늘 보신 작품은 여기 교토에서 초연을 맞을 수 있어서 만족스럽네요. 다음에는 더 바보 같은 작품을 만들고 싶어지는군요.(웃음)
그리고 10년쯤 전의 저 자신과 비교하면 지금은 배우한테서 어떻게 신체의 명확한 움직임을 끌어낼까 하는 것보다도, 움직임이라는 말로 표현하기 어려울 만큼 작은 신체의 움직임, 오히려 정지된 채 서 있는 게 아닌가 싶을 정도의 움직임 쪽으로 흥미나 관심이 옮겨 가고 있습니다. 예를 들어 예전이었다면 '팔을 더 크게 움직여주었으면' 하고 바랐던 것이 '어깨가 움직이려 하는 것으로 충분하다'라고 생각하게 되거나. 그런 변화가 있네요.

기슬기   잠깐 들었는데도 흥미로워요. 여러 생각이 드는데, 첫 번째로 이번에는 그러한 움직임이 절제되어 있다고 말씀을 하셨잖아요, 그래서 저는 이런 생각을 했어요. 분명히 기존의 작업에서 움직임을 만들려면 아이디어가 있었을 텐데요, 안무를 짠다고 해야하나요, 그런데 이번에는 그 안무가 어떤 신체가 아니라 사물이나 식물같이 움직임이 적은 것들에서 영감을 받으셨나 하는 생각이 들었습니다.

오카다 음, 딱히 그렇지는 않아요. 다만 저는 연습실에서는 자주 이상한 말을 많이 써요.(웃음) 연습실에 갑자기 들어온 사람이 들으면 뭘 얘기하고 있는지 모를 말을 자주 써요. 이번에 자주 입에 올렸던 건 태양광 발전을 의미하는 '솔라 파워'라는 단어입니다.(웃음) 그 작품은 유령 여자가 있고, 그 여자를 아내로 두었던 남편이 있고, 그 남편에게 새로운 연인도 있다고 하는 구조로 되어 있습니다. 그 남자가 새로운 연인에게 이야기를 걸 때 그 에너지가 어디서 왔는가가 중요합니다. 예를 들어 새로운 연인한테 에너지를 받고 있는 것처럼 연기를 하면 신^{scene}이 성립하지 않습니다. 그게 아니라, 태양빛을 쐬어서 에너지가 만들어진다는 느낌으로 유령한테서 에너지를 받아서 쓴다는 느낌이 굉장히 중요하다고 연습실에서 엄청 집요하게 말했습니다. 대답이 좀 빗나갔는지도 모르겠네요.

기슬기 아니에요. 아까 이야기해주신 것 중에서 다음에는 전혀 다른 것을 하고 싶다고 말씀하신 것을 듣고 생각했는데요, 저도 작업을 하다 보면 막다른 길에 있는 느낌이 들 때가 있어요. 앞으로 어떻게 끌고 가야 할지 모르는, 정지된 듯한 상태일 때가 있는데, 그때 제가 하는 방식은 그걸 다 내려놓고 지금까지 해왔던 것과 완전히 반대되는 작업을 해보는 거예요. 그러면 제가 해결하지 못했던 것들이 해결되는 모습이 보여요. 혹시 작업하시다가 무언가 한계에 부닥친 느낌이 있을 때 해소하는 방법이 있으신가요?

오카다 저는 텍스트는 컴퓨터 키보드로 쓰는데요, 막히면 손 글씨로 쓰는 일이 자주 있습니다. 잘될 때도 있습니다만 안될 때도 많아서 별로 본질적인 방법은 아니에요. 솔직히 말하면 최근 들어 무언가에 막혀본 느낌은 없네요.

기슬기 그래 보여요.(웃음)

오카다 꽉 막혀버린 느낌이 없는 이유는, 연극은 혼자 만드는 게 아니기 때문이에요. 연극은 연출가가 전권을 틀어쥐는, 창조하는 톱의 위치에 서 있다고, 혹은 저라는 연출가가 머릿속에 있는 것을 실현한다고 여겨지기 쉽습니다. 하지만 적어도 저는 전혀 그런 식으로는 만들고 있지 않아요. 물론 출발점으로서의 역할은 완수하고 있지만, 결과적으로 어떤 것이 될지는 모든 층위에서 '함께 만드는 사람들'의 아이디어인 겁니다. 배우뿐 아니라 예를 들어 기술적인 것까지 타인이 해주죠. 연출가는 어떡해야 프로젝트를 기능하게 만들까 하는, 편집 같은 것을 합니다. 그런 식으로 만들면 막혔다는 느낌이 드는 일이 없지요. 더욱이 중요한 것은, 자기 머릿속으로 상상했던 것보다 좋은 것이 만들어진다는 것, 그게 연극의 좋은 점이 아닐까 하고 늘 생각합니다.

기슬기 제게 필요한 것은 동료일지도 모르겠네요.(웃음)

오카다 비주얼아티스트들에게 물으면 "나는 집단으로 작업하는 것을 잘 못한다, 무리다"라든지 "뭔가 시험 삼아 집단 작업을 해본 일은 있지만 내겐 잘 안 맞는다"라는 대답이 돌아옵니다. 그러니까 저에게 "연극은 많은 인원을 데리고 만든다니 대단하네" 같은 말을 하는 거예요. 그건 대단하다든지 한 게 아니라 단순히 그 사람의 자질의 차이라고 생각합니다.

기슬기 또 질문을 드리고 싶은데, 혹시 떨리시나요?(웃음)

오카다 아니, 괜찮습니다.(웃음)

기슬기 일본에 동일본대지진이 있었다면 한국에도 많은 사람들이 슬픔에 잠길 수밖에 없는 큰 사건이 있었습니다. 2014년에 세월호 사건입니다. 그 사건 이후 시간이 흘러 많은 작가들이 그에 관한 작업들을 하기 시작했습니다. 어떤 면에서 작품을 통해서 관객들이 피로감을 느끼지 않을까 하는 생각이 들었습니다. 왜냐하면 힘든 일이 반복적으로 재현되면 어느 순간에는 조금 잊고 싶을 때도 있잖아요. 오카다 씨의 작업은 동일본대지진에 대한 이야기를 하고 있는데, 일본 또한 분명히 동일본대지진 이후 많은 작가들이 작업의 주제로 삼고 보여줬다고 생각을 합니다. 그들의 작품과 오카다 씨의 작품에 차이점이 있다면 무엇인지 궁금합니다.

오카다 이제까지 일본에서 만들어진 작품과의 차이점이라면, 저의 관점으로는 그 질문에 대답하기가 너무 어렵네요. 다만 제 작품과의 비교라면 가능합니다. 그러니까 대신에 그걸 말씀드리도록 할게요.

〈방에 흐르는 시간 여행〉을 만들면서 생각했던 것은, 그때까지는 제가 지진에 관련해서 만든 작품이 무척 부감俯瞰적인 시점에서 상황을 보려 했다는 것. 즉, 그 사건이나 거기서 일어나는 문제나 감정을 거리를 두고 보았다는, 혹은 높은 곳에서 바라보았다는 기분이 듭니다. 하지만 이번에는 그러지 않고 있다고 스스로 느낍니다. 그것이 제게 커다란 변화라고, 공연 첫날을 맞이하기 며칠 전에 전체 연습을 보면서 불쑥 알게 된 겁니다. 지진을 테마로 한 작품을 몇 개 만들어왔기 때문에 변화했는지도 모르고, 더 단순히는 동일본대지진으로부터 5년의 세월이 흘렀기 때문인지도 모릅니다. 왜인지는 저도 잘 모르겠습니다.

기슬기   저는 이번 오카다 씨의 연극이 상당히 담백한 느낌이라 좋았어요. 일방적으로 어떠한 이야기를 하기보다는 상황의 전개를 편안하게 보고 있다는 느낌이 오카다 씨가 이번 작품에서 보여주려는 부분 같다는 생각을 했습니다. 그리고 이렇게 빠른 시간 안에 변화를 가지게 된 오카다 씨가 저는 정말 대단하신 것 같습니다. 저는 새로운 작업을 빨리 만들지 못하거든요. 새로운 것들을 만들 때 완성도 등 여러 면에서 강박을 느끼기 때문에 변화를 두려워해서요. 그래서 이번 작품을 보고 저는 굉장히 놀랐어요. 어느 시간에 또 이렇게 좋은 작업을 하셨을까 하고요.

오카다   결국 제가 크게 변할 수 있는 건 집단으로 만들고 있기 때문이지요. 저 혼자만의 몸, 저 혼자만의 머리만이라면 크게 변하지 못해요. 연극은 무대미술도 여러 비주얼아티스트와 함께할 수 있기 때문에, 그 상대가 바뀌는 것만으로도 싹 바뀔 수 있습니다. 그건 큰 부분이죠.

저는 아까 〈Unfamiliar Corner〉의 설명을 듣고 굉장히 재미있다고 생각한 점이 있었습니다. 모퉁이라는, 경계선과 같은 장소에 몸을 두는 것으로 경계를 보는 사람에게 주의를 촉구한다, 그것은 제가 이번 〈방에 흐르는 시간 여행〉을 연출할 때 특히 의식한 것과 굉장히 비슷하다고 생각했습니다. 어떡해야 보는 이가 배우의 몸이나 무대의 오브젝트에 주의를 기울일까. 주의를 기울이는 방식, 주의를 기울이는 대상을 변화시키기 위한 도구로 인간의 몸을 사용한다는 점이 슬기 씨의 작품과 닮았다고요.

인간의 몸은 대단히 강한 힘을 갖고 있습니다. 왜냐하면 우리들 인간은 대개 사람의 몸에 주의가 가니까요. 예를 들어 엄청난 대자연을 담은 화면 안에 아주 작은 인간이 알아볼 수 있을 만큼 비춰지면 거기로 주의가 향하죠.

이번 작품에서 인간의 그런 기본적인 감각을 이용해 제가 하고 있는 것을 슬기 씨도 하고 있구나 하는 걸 말로 들을 수 있어서 재미있었습니다.

기슬기 지난번에 야구와 관련된 작업을 했다고 언급하셨지요. 야구는 트라우마가 있는 기억인데 그것들에 대해서 작업을 해보시고 싶다고요. 오카가 씨는 동시대에 일어난 사건·사고를 오카다 씨만의 방식으로 재현하시는데, 사실 그런 사건이나 사고, 트라우

연극 〈방에 흐르는 시간 여행〉.

마에 대한 기억, 이러한 것들을 작업하려면 그 전부를 분석해야
하고 내용을 대면해야 할 텐데 그 과정에서 자기 자신을 힘들게,
피폐하게 만들지 않는지. 그것들을 어떻게 대면하고 작품화하는
지 궁금합니다.

오카다 　만들고 있을 때는 피폐라 할 게 별로 없네요. 아마 '또냐'라는 느
　　　　 낌이 들어서랄까요.(웃음)

기슭기 　짐작되네요.(웃음)

오카다 　"지금 연기는 이 점이 안 좋아. 그러니까 이런 식으로 해" 같은

말을 배우에게 하면서 제 에너지를 배우에게 쏟아버려요. 즉, 아무리 저 자신에게 괴로운 것을 다뤘다고 해도 에너지가 제게 향하지는 않는 거죠. 이 점이 슬기 씨가 혼자서 만드는 비주얼아트와 큰 차이라고 봅니다.

다만 상연을 해서 관객이 연극을 봐줄 때는 달라지지요. 자신을 남에게 보인다는 건 그 터프함을 강제한다는 것입니다. 제게는 서울에서도 공연한 적 있는 〈현 위치現在地〉라는 작품이 그러한데, 저는 단지 관객석에서 보고 있었는데도 굉장히 지쳤습니다. 그래서 결국 다음에는 이것과는 다른 걸 만들자고 생각했죠.

기슬기   이제 시간이 얼마 없으니 마지막으로 궁금한 것을 물어보고 싶습니다. 저는 한 작품이 끝나면 다음 작품을 바로 시작하기도 하지만 중간중간 어떤 작업들이 있기도 한데 그것들은 보통 폐기되지요. 여러 가지 이유가 있는데, 시각적으로 힘이 부족하다거나 내용을 저 스스로 완벽하게 소화하지 못했다거나. 하지만 그런 작업들이 있기 때문에 그다음 시리즈가 완성된다고 생각을 하죠. 저는 그걸 '숨겨진 폐기물'이라고 부릅니다. 혹시 오카다 씨가 작업하실 때도 그런 숨겨진 폐기물이 있는지, 있다면 어떤 이유로 폐기되는지 궁금합니다.

오카다   재미있는 질문이네요. 연극 연출은 공연 첫날을 바라보며 작품을 완성했다고 해도 공연이 이어지는 한 그것을 계속 보게 되거든요. 내 안에서는 이미 끝났고 정반대의 것을 만들고 싶은 기분이 있다고 해도 계속 봐야만 해요. 하지만 그게 다음 것으로 나아가는 중요한 시간이 된다는 걸 무척 실감해요.

연극은 변하는데, 일반적으로 초연보다도 몇 십 번 상연을 거듭할수록 더 좋아집니다. 조금씩 좋은 것을 키워가는 즐거움이라는 게 있지만, 좋아지면 좋아질수록 그 작품이 갈 수 있는 장소, 한계 같은 것도 보입니다. 그렇게 되면 '이 작품이 가지 못했던 장소, 도달하려고 하지 않았던 장소에 가고 싶다' 하는 기분이 점점 강해오죠.

집단으로 만들기 때문에 "다음엔 엄청 바보 같은 걸 만들어야지" "다음엔 뮤지컬을 만들 거야"라고 적당히 말하는 거예요. 농담인지 진담인지 어느 쪽인지 알 수 없는, 아무런 책임감 없이 술 마시면서 내뱉은 그런 말이 이러니저러니 미묘하게 쌓여서, '엄청 바보 같지만 실은 재밌잖아'라고 생각하게 되는 겁니다. 뭔가 그런 프로세스가 있단 말이죠. 슬기 씨의 '숨겨진 폐기물'이라는 말을 듣고서 든 생각입니다.

김슬기   아주 재미있게 들었어요. 오카다 씨와 저는 장르가 다르기 때문에 내가 좋은 질문을 할 수 있을까, 오카다 씨와 연극 세계를 잘 이해할 수 있을까 무척 고민했습니다. 그런데 지날수록 그것은 별로 중요하지 않다는 생각이 들었어요. 실제로 제가 지금 하는 작업들에 상당한 도움이 되네요.

일방적인 질문을 많이 했는데, 제가 작업하면서 어떻게 풀어가야 할지 궁금했던 것들이에요. 제 안에서 막연하고 개운치 않던 것에 답을 얻을 수 있었습니다.

오카다   저도 무척 즐거웠습니다. 정말로 재미있는 질문을 받았어요. 슬기 씨가 스스로 들었던 질문은 제가 답하고 싶었던 것이거나 관객에게 보여줄 작정이었던 것들이에요. 다만 말이죠, 슬기 씨, 제가 하고 있는 것을 굉장히 좋게 봐주셨는데, 연극이 다 그럴 거라고 오해하지는 말아주세요. 왜냐하면 연극을 좋아하는 사람 중에는 제가 하는 것을 좋아하지 않는 사람이 왕창 있거든요.(웃음) 감사합니다.

*　*　*

관객 1   귀중한 말씀 감사합니다. 오카다 씨에게 질문입니다. '연극은 집단이 만든다'라고 말씀하셨습니다만, 텍스트를 쓰는 시점에서는 개인이 만든다고 생각합니다. 어느 시점부터 집단의 프로젝트가 되는 건가요?

오카다   몇 년 몇 월에 어디어디서 프로젝트를 시작합시다, 하고 그걸 위해 텍스트를 쓴다면 텍스트를 쓰는 시점부터 개인이 만드는 게 아닌 거죠. 제가 말하는 건 '텍스트를 배우에게 넘긴 시점에서 집단 창작이 시작된다' 같은 게 아니에요. 결국 독자 개개인이 읽기 위한 것을 쓰는 게 아니라, 배우가 대사를 외우고, 그것으로 여러 사람이 여러 생각을 하려는 의도로 쓰는 것이라서 자연히 각본이 모두의 것이라고 생각하는 겁니다.

관객 2   저는 최근 몇 년 연극을 하고 있는데, 어느 연극 초심자가 핑장히 간절한 마음으로 연극하는 걸 최근 보게 됐습니다. 저는 이제 그런 마음가짐이 아니어서, 막다른 곳에 부닥쳤다고 할까…… 기세만으로는 할 수 없구나 하고 생각하기도 합니다. 어떻게 해서 작품을 만들어갈지, 제 장래를 생각하면 두렵기도 하고 그렇습니다. 우리는 작품을 제작할 때 뭔가와 마주하지 않으면 만들 수 없는데, 두 분은 작품을 만들 때 무엇과 마주해, 어떠한 자세로 하고 계신가요?

오카다　기세와 마주하는 것도 좋을지 모르겠네요. 연극 리허설은 되풀이해서 하잖아요. 리허설을 하면서 뭔가 생겨나 관객에게 뭔가를 전해주죠. 뭘 전해줄까 하는 것을 마주하고 있다고 생각합니다. 공연마다 회에 따라 굉장히 재미있고 강한 무엇이 올 때도 있고 그렇지 않을 때도 있잖아요. 무언가 지금 자기 쪽으로 찾아왔는지, 저는 보면 알 수 있다고 생각합니다. 사실 저는 그것밖에 안 하고 있네요. 나머지는 전부 다른 사람이 해줍니다, 연극이라는 게.

기슬기　저는 작가라는 직업과 제 성향이 맞는다는 확신이 있어요. 자랑이 아니라, 다른 것을 잘 못하기 때문에요. 그래서 작업이 막힌다고 해서 다른 것을 해볼까, 그만둘까 하는 생각은 전혀 하지 않아요. 그냥 계속 부딪치는 거죠. 그게 저를 힘들고 피폐하게 만들지만 사실 즐기기도 해요.(웃음)

관객 3　저는 〈방에 흐르는 시간 여행〉의 공개 리허설 자리에 있었습니다. 그때 오카다 씨가 마지막에 "감사합니다. 참고가 됐습니다"라고 말씀하셨지요. 저는 앉아서 보고만 있었을 뿐이라 '정말 참고가 됐을까?' 생각하면서 오카다 씨 말에 감격했습니다. 관객은 감상을 말하는 일 없이 잠자코 돌아가잖아요. 두 분은 박수나 웅성거림 외에도 관객의 반응이 민감하게 느껴지는 타이밍이 있으신 걸까요?

오카다 연극의 경우는 일정한 수의 관객이 모여서 일정한 시간 봅니다. 저도 그 일부가 돼서, 관객으로서 보고 있습니다. 물론 연습 때부터 관객에게 보여주기 위한 공연을 준비하는 거라서, 거칠게 말하면 관객이 되어보는 것이 연출가가 해야 할 일이라고 생각하고 또 그렇게 하고 있다고 생각합니다. 그래도 역시 진짜 관객과 함께 봐야 처음 알 수 있는 게 있습니다.

그리고 몸이 관객과 동화되는 느낌이 있습니다. 그걸 집중력이라고 해도 좋을지 모르겠네요. '지금 이 사람이 저걸 보면서 뭘 생각하고 있을까' 하는 것까지야 물론 알 수 없습니다만, 지금 이 사람이 작품을 '경험'하고 있는지 어떤지는 알 수 있습니다. 이를테면 회장의 기색 같은 것인데, 자기가 만든 작품이 객석에서 제대로 경험되고 있다고 느껴질 때는 좋습니다. 그렇지 않을 때도 있습니다. 연극은 회에 따라 그 언저리의 상황이 아무래도 바뀌어버리죠. '지금은 안 왔군' 하는 때도 알 수 있습니다. 그건 배우의 말투나 표현 등이 아니라, (관객과) 관계가 만들어졌는지 아닌지를 말하는 겁니다. 저는 딱히 감상을 듣지 않아도 알아요. 박수도 단순히 데시벨 같은 것으로 계측할 수 없는, 작지만 좋은 박수라는 게 있거든요.

기슬기 저는 작업이 잘되고 있는지 아닌지는 제가 제일 잘 알아요. 작업을 하면서 잘 안 된다는 느낌. 그리고 '어차피 나만 아니까 괜찮아'라는 생각으로 그냥 덮고 넘어갈 때가 있는데, 결국 전시장에 걸려 있는 모습을 보면 솔직하지 못한 기분이 들죠. 전시장에 가고 싶지 않은 기분이요.(웃음) 그래서 알 수 있죠.

오카다 하지만 아마 그건 분명 보는 사람도 알 수 있을 거예요. 저였더라도 반드시 남들이 알아챌 거라고 생각합니다.

기슬기 맞아요. 관객은 잘못된 걸 정확하게 알거든요.(웃음) 이제 자리를 마무리해야 합니다. 대담에 와주신 여러분, 정말 감사합니다. 이야기를 나누며 여러 가지를 생각해볼 수 있었습니다. 오카다 씨가 너무 바쁘시고 각자의 스케줄이 있기 때문에 다음 대담 때는 부담되지 않는 선에서 같이 무엇인가를 만들어보고 싶다는 생각이 듭니다. 저라는 작가를 몰랐을 때 오카다 씨가 전시장에 가서 작품을 보고 "저런 작품을 하는 사람과 이야기를 해보고 싶다"라고 말씀하신 편지를 받았어요. 이번에는 형식을 바꾸어, 저에게 어떤 텍스트를 보내주시면 그걸 제가 시각 이미지로 구현해보고 싶네요.

오카다 좋네요. 재미있겠어요. 저는 슬기 씨를 보면 감각적인 작가라는 생각이 아주 강해요. 감각적이라는 것은, 슬기 씨가 작가로서 감각적이라는 말이기도 하지만, 나아가 보는 사람의 감각을 확대하는 작품을 만든다는 뜻입니다. 그게 우리가 함께하는 하나의 단서가 아닐까 생각합니다.

오늘 제 연극을 보면서 처음으로 재미있는 체험을 했습니다. 제 앞자리에 앉아 있던 여성 관객분이 향수를 뿌렸는데요, 향수를 아주 세게 뿌리는 사람은 저는 좀 안 맞거든요. 하지만 그분은 무척 조심스러운 분위기에 느낌이 좋았습니다. 그런데 제 연극을 보면서 이따금 어떤 시점에, 전혀 신경 쓰지 않던 향이 농도가 쑥 올라 감지되는 일이 일어났어요. '이분이 지금 이 연극을 보고 반응해서 향이 짙어진 건가' 하고 느꼈습니다. 그런 작품을 만들고 싶습니다.

오카다 씨께 보내는 편지

안녕하세요. 기슬기입니다. 잘 지내셨는지요? 저는 후쿠오카 아시아미술관 레지던시 프로그램으로 한 달 정도 후쿠오카에서 지내고 한국에 돌아왔습니다. 짧은 시간이었지만 정말 많은 사람들의 도움을 받았어요. 작업에 대해 함께 이야기하는 시간을 가져서 후쿠오카가 따뜻하게 기억되고 있습니다. 후쿠오카에서 대안 공간 테트라라는 곳을 알게 됐는데 오카다 씨께서도 방문하신 적 있다는 이야기를 듣고 왠지 친근하게 느꼈습니다.

저는 요즘 〈이야기꾼〉이라는 영상 작업과 사진 작업을 진행하고 있습니다. 이번 작업을 하면서 오카다 씨의 영향이 묻어나 있다는 생각이 들었습니다. 사진 작품 이미지를 첨부합니다.(271쪽 참조.) 나중에 작업 내용과 이미지 더 보내드리겠습니다. 어떻게 보실지 궁금하네요.

2016년 7월

기슬기 드림

기슬기 씨

잘 지내고 계신지요. 후쿠오카에서 레지던스 체류를 하셨군요. 제게 후쿠오카는 한국과 가깝고 도쿄와 다른 면이 많은 도시인 반면, 도쿄를 모방하려는 욕망도 무척 강한 곳이라고 느껴지는데 기슬기 씨는 그곳에 어떤 인상을 가지셨나요?

저는 올봄 무렵부터, 극히 막연합니다만, '이제까지 내가 해온 것과는 완전히 다른, 전혀 새로운 방식으로 세계를 묘사하는 연극을 만드는 건 불가능할까' 하고 생각해보기 시작했습니다. 그것이 작년 도쿄의 미술관에서 기슬기 씨의 작품을 처음 본 것, 그리고 그 후 나눈 이야기에 영향을 받은 결과라는 건 틀림없습니다.

슬기 씨는 '차원'이라는 개념이 작품 제작과 밀접하게 연관되어 있다고 말씀하셨죠. 그 생각을 제가 연극이라는 형식으로 구상하고 적용해보면 어떻게 될지. 예를 들어 얼마 전에도 '차원'과 '레이어'의 차이가 뭘까 생각했어요. 그때 들었던 생각은, 레이어라는 건 잠재 상태인 차원을 말하는 것일지도 모르겠다는 거였습니다. 예컨대 고층 빌딩의 층이라는 것은 빌딩이 실제로 세워지거나 고층 빌딩 건설 기술이 실현되거나 하면 높이의 '차원'에 속하게 되지만, 그 이전이라면, 그러니까 그런 기술은커녕 아예 고층 빌딩이라는 개념 자체가 존재하지 않는 상태라면 그것은 '레이어'다, 라는 식의 얘기예요.

잠재된 상태인 것은 현재顕在화되어 있지 않은 거니까 비현실의 영역에 속합니다. 그렇지만 그것은 존재하지요. 그렇다면 현실을 그리고자 한다면 거기에 현재화되어 있는 것만을 그리는 것으로는 충분하지 않습니다. 잠재하고 있는 레이어도 잡아내지 않으면 안 되죠.

어떤 예술 작품—저의 경우는 연극입니다만—이 갖는 리얼리티를 문제로 삼는다면 그 여부는 거기에 포함된 비현실성의 존재 방식 여하에 달려 있지 않을까. 저는 최근에 그런 식으로 생각하기 시작했습니다.

보내주신 이미지를 보고 제가 맨 처음 느낀 것은 '이거 리얼하다'라는 것이었습니다. 그리고 그건 슬기 씨의 다른 여러 작품에서 받는 인상이기도 합니다. 힘껏 벌려 꼭 끌어안은 양팔과는 다른 또 한 쌍의 팔, 몸에는 붙어 있지만 다른 레이어에 있는 팔, 제게는 그렇게 보였습니다.

저는 지금 나오시마라는 작은 섬에 있습니다. 여기는 물결 잔잔한 내해에 떠 있는 군도의 하나입니다. 이 섬 안에 있는 미술관의 한 전시실에서 상연하는 '장소맞춤형Site-Specific' 퍼포먼스 작품을 여기 체재하면서 만들고 있습니다. 작품의 테마는 '혁명'입니다. 연설 같은 퍼포먼스를 지금 만들고 있는 건데요, 일반적인 정치가의 연설과는 전혀 다릅니다. 대안적인 것을 구상하고 있는 거죠.

이건 이걸로 하나의 구체적인 프로젝트입니다만, 동시에 앞에서 말한 '전혀 새로운 방식으로 세계를 묘사하는 연극을 만드는 건 불가능할까' 했던 의문의 조촐한 시행착오 중 하나이기도 합니다.

슬기 씨가 영감을 준 이미지나 콘셉트, 레이어가 잠재된 차원을 생각해보니 혁명과 이어져 있습니다. 설명을 잘했는지 모르겠네요. 나중에 제대로 설명할 수 있게 저 스스로 생각이 정리되면 좋겠습니다.

2016년 7월

오카다 도시키

기슬기와 오카다 도시키가 8개월 —
서울에서 다시 만났다. 무용한 것의 재발견,
예술이 불러일으키는 행위 변화 등을 화제로 삼아
사진과 연극의 접점을 찾아나가는 두 사람.
그것을 탈출구로 자기 분야의 껍데기를 깨고
나오려는 작은 혁명은 어디로 이어질지……

검은 방에서 바깥 공간 상상하기

보는 사람에게 열린
너도 나도 없는 세상

두 번째 이야기
2016년 11월 12일 토요일
두산아트센터, 서울

사회자　안녕하세요. 저는 기슬기 작가와 소설가이자 극작가인 오카다 도시키 씨의 대담 진행을 맡은 큐레이터 맹지영입니다. 기슬기 작가의 작품을 쭉 지켜봐온 기획자이기도 하고 오카다 도시키 씨의 작품을 유심히 관람했던 관객으로서 두 사람의 대화를 중개하게 되었습니다.

이미 두 분께서는 많은 대화를 나누어서 어떤 지점에 다다라 있을 것 같은데요, 먼저 오카다 도시키 씨에게 기슬기 작가의 작품에서 어떤 부분이 본인을 놀라게 했는지 간단하게 이야기해 주시면 좋을 것 같습니다. 말씀하시다 보면 자연스럽게 오카다 씨의 관심이 드러날 것 같습니다.

　　　　　　　　　　　　　기슬기 × 오카다 도시키

오카다 기슬기 씨의 작품을 만난 것은 도쿄의 미술관에서였습니다. 일본과 한국의 미술 작가의 작품이 한 사람씩 방별로 전시되어 있었는데 슬기 씨의 작품은 후반에 있었습니다. 그림자 등 뭔가의 코너 뒤에 누군가 있어서 그 사람의 일부분만 보이는 상태를 촬영한 사진 작품이 전시돼 있었습니다. 굉장히 심플하고 상상력을 아주 자극해서 '아, 이 전시실 재미있다'라고 생각하면서 다음 방으로 이동했습니다.

방금 이야기한 건 하얀 방이고, 다음에 간 건 어두운 방이었습니다. 거기서 본 것은, 오늘도 대담 전에 회장의 프로젝터에서 상영된, 숲속의 알 수 없는 것, 저는 그것을 구름과 천의 중간물 같이 느꼈는데, 그 알 수 없는 것이 떠 있는 작품이었습니다. 어느 정도 시간이 지난 후에 깨달았는데, 그 검은 방도 슬기 씨의 방이었던 겁니다. 각각의 방이 무척 재미있었는데 저는 굉장히 뭐랄까, 백과 흑 두 개의 방을 조합해 전시한 슬기 씨의 포로가 돼버렸습니다.

저는 모든 의미에서 '보이지 않는 것을 눈에 보이는 형태로 만든다'라는 것은 아티스트가 할 수 있는 가치 있는 일의 하나라고 늘 생각합니다. 그것을 이렇게 분명하게 할 수 있는 사람이 있다는 데 감명받았습니다. 이 사람과 얘기를 해보고 싶다고 생각했습니다. 그래서 "이야기 상대로 기슬기 씨를 희망합니다" 하고 제 쪽에서 요청했습니다.

사회자 교토 대담의 내용을 들었는데요, 오카다 씨의 작품에 대해서 '상연 시간이 정해져 있는데도 시간의 흐름을 자유롭게 조작하는 듯하다' 하는 얘기가 나왔습니다. 그것을 기슬기 씨는 "아코디언의 주름상자"에 비유했지요. 시간이 확장되는 느낌이라고요.

오카다 주름상자라니 재미있죠. 시간을 컨트롤한다고. 슬기 씨도 창작을 할 때 주름상자처럼 넓히거나 좁히려고 생각하세요?

기슬기 어느 타이밍에 말할까 계속 기다리고 있었어요.(웃음) 지금 바깥에서 대규모 집회가 열리고 있는데 생각보다 많은 분들이 와주셔서 감사합니다. 제가 오면서 느꼈던 것은, 바깥은 너무나 시끄러운데 제 작업에 대해서 감상을 이야기해야 해서 아이러니하다는 거예요. 그러다 오카다 도시키 씨의 작업이 생각났습니다. 〈3월의 5일三月の5日間〉이라는 작품을 봤을 때가요. 바깥에서 어떤 일들이 일어나고 있지만 저는 저대로 일상에서 제가 하는 일들을 진행하는 지금 이 분위기, 똑같은 시간인데 서로 다른 시간을 체감하는 이 분위기가 아마 오카다 도시키 씨의 작업에 담긴 시간의 확장성을 느끼게 해주는 것 같습니다. 이 이야기를 하고 싶어서 계속 준비하고 있었거든요. 그런데 타이밍을 놓쳤어요.(웃음)

질문해주신 부분을 말씀드리면, 제 작업에서 시간과 공간은 제가 의식하지 않을 만큼 당연한 구성 요소가 되어버렸어요. 그것이 제가 관심 있는 부분이고, 제가 말하고 싶어 하는 방향에 작용해요. 누군가에게는 '차원'으로 이야기될 수도 있는데, 오카다 씨가 제 작업을 보셨다는 얘길 듣고, 제가 항상 믿고 상상하는 것들, 그것들을 재현하려는 노력들을 누군가 관통하고 있구나 하는 생각에 행복했어요.

오카다   저기, 제가 처음 슬기 씨에게 작품 감상을 전했을 때 '내가 하고 있는 것이 누군가에게 전해져서 기뻤다'라고 말해주셨던 것을 기억합니다. 그 얘길 듣고 어떤 의미에서 깜짝 놀랐습니다. 왜냐하면 이런 작품을 만드는 사람이 관객에게 어떻게 전해질까 물으면서, 즉 내가 본 대로 전해질 거라는 믿음 없이, 이런 창작을 할 수 있을 리 없다고 생각했으니까요.

기슬기   작업을 하면서 항상 느꼈던 것은, 제가 원하는 것과 그걸 표현하는 방법이 옳다고 생각하지만, 어떻게 보면 시각예술 작가는 연극 같은 다른 매체 작가와 시선의 차이가 조금 있다는 생각을 해요. 제가 항상 믿는 부분들을 표현하려는 노력이 있고 그것에 대해서 확신하지만 어느 순간 벽에 다다라서 더는 이야기하지 못하는 순간들이 있거든요. 제가 지쳐 있던 그런 순간에 저에게 대담 의뢰가 와서 소통을 하고 있다는 느낌을 받았어요.

오카다   그렇군요. 그러니까 타이밍의 문제네요. 마침 슬기 씨는 상태가 안 좋은 시기였군요. 그런 일은 저도 있습니다. 그건 알아요.

사회자   연극 공연은 관객들에게 피드백을 받는 일이 상대적으로 많지요. 그런데 시각예술 작가는 관객과의 대화 같은 걸 하기 전에는 피드백을 받기가 어렵고, 알 수가 없어요. 그마저도 대부분 억지로 만들어진 행사라서, 정말 감명을 받은 관객이 작가의 연락처를 알아내서 이렇게 피드백을 주기가 사실은 힘들지요. 그런 면에서 기슬기 작가는 오카다 씨의 피드백이 좋았을 것 같다는 생각이 들었어요.

오카다 그거 정말로 비주얼아트 쪽 사람이라든지 문장을 쓰는 사람한테서 자주 듣는 얘기네요. 연극처럼 관객의 반응을 직접 알 수 있는 형태가 부럽다고요. 슬기 씨의 작품은 가만 보면 굉장히 무서운 작품이 많잖아요. 물론 저도 '상상력을 자극한다'라고 머리 좋아 보이는 표현을 했습니다만, 더 단순히 말하면 무서운 겁니다.(웃음)

기슬기 저희 부모님도 제가 집에 작품을 가져다 두면 "어디다가 쓰려고 저렇게 또 걸어놓았니?" 하고 이야기하세요.(웃음) 제가 이번에 후쿠오카 레지던시에 갔다 오면서 했던 작업들이 있어요. 그 작업은, 모르겠어요. 블랙 앤 화이트이기 때문에 사람들이 시각적으로 더 무섭다고 느낄 수도 있지만, 그때도 대화 자리에서 누군가 묻더라고요. 마음속의 불안을 너무 자연스럽게 표현하고 있지 않느냐, 두려움을 느끼는 부분들이 많으냐. 사실 저는 그 질문을 하신 분이야말로 그렇게 느끼고 계신 것 같더라고요. 작품을 볼 때는 자신의 감정이 투영되잖아요.

사회자 기슬기 작가가 평소 작업할 때 어떤 상상을 하는지 이야기해주시면 검은 방 안의 생명체가 왜 무섭다고 느끼셨는지 조금 감이 오지 않을까 싶습니다.

기슬기   어떤 작업을 할 때 항상 이야기하는 개념을 말씀드릴게요. 어떤 검은 방에 어떤 생물체가 살고, 그 생물체는 바깥으로 나가고 싶어 합니다. 하지만 그 방은 빛이 완전히 차단되어 있기 때문에 그 생물체는 나갈 수 없어요. 그래서 그 생물체가 자기의 오감으로 그 바깥 공간을 상상하고 믿으며 만들어 나간다는 이야기인데, 그 생물체가 사람의 뇌라는 것이에요. 이것이 저의 모든 작업의 시작점이 되는 레퍼런스 같은 거예요. 그리고 저는 즉각적이기도 하지만, 상상해서 무언가 만들 때 순서가 항상 있었던 것 같아요. 그것을 남들은 프로세스라고도 이야기하지만 저 스스로는 별로 프로세스처럼 여겨지지 않아요. 그냥 마음속에서 그려지는 그림들에 가까이 가기 위한 어떤 실험들을 계속하고 있을 뿐이에요. 항상 '이게 마지막 이미지다'라고 생각하고 작업을 합니다. 그것들이 모아져서 좀 더 결과물에 가까워졌을 때 나오는 이미지들이 전시장에 걸리는 작품이라고 생각하시면 될 것 같아요.

오카다   표현 방식, 예를 들어 어떤 비주얼로 할까 하는 것에 대해서요, 당초 생각한 것을 변경하는 일은 있습니까?

기슬기   너무나 많죠. 7, 8년 전에는 머릿속에 떠올린 것이 똑같이 재현되는 것을 보고 제가 사진을 잘 찍는다고 착각한 적이 있어요. 그런 경험이 서너 번 있는데, 그 뒤로는 눈을 감고 떠오른 것을 작품으로 만들어도 그 방법으로는 정확히 표현되지 않더라고요. 그 일을 되풀이하는 게 괴로워서 어떡할까 하다가, 의외로 다른 매체를 해보는 것이 제 시야를 넓혀준다는 걸 깨닫고 여러 시도 끝에 제가 원하는 작품을 만들어낼 수 있었어요. 예를 들어 위태로움은 모든 사람이 느끼는 건데, 그게 또 제 위태로움과 남들이 느끼는 위태로움은 다르잖아요. 그것을 표현하면서 어떤 이미지는 너무나 유치해지고 어떤 이미지는 너무 광고 같은 이미지가 되어버려서, 균형을 잘 잡으려고 노력하고 있습니다.

오카다 예를 들어 지금 저기 비춰진 사진 시리즈는 자연에 피어오른 연기처럼 보입니다. 슬기 씨가 이 작품을 만들고 있었을 때는 이것과는 다른 것이 전 단계에 있었다든지 하는 일도?

기슬기 이 작품(〈Post Tenebras Lux〉)은 처음부터 거의 비슷한 형태였어요. 이 작품은 아일랜드에서 시작했던 작업이고, 아일랜드에 처음 도착했을 때 제가 느꼈던 감정을 충실하게 따라가서 재현하려고 했기 때문에 아마도 시작점과 끝점이 유사해진 것 같아요. 말씀을 조금 더 드리자면, 아일랜드에 처음 갔을 때 매우 짙은 안개 속에 있었어요. 아일랜드라는 곳에 대한 정보가 없기도 했지만, 제 눈앞에 무엇인가 실재하는데도 저의 오감으로 무엇도 인식할 수 없더라고요. 아까 말씀드린, 상자 안의 생물체가 된 느낌이 들었어요. '그러면 이 안개라는 걸 작품에 한번 가져와보자' 했던 게 시작점이 되었죠. 그것을 표현하기 위해서 여러 가지 실험을 했습니다.

사회자 오카다 씨는 처음에 얻은 감각을 어떻게 마지막까지 유지하시

기슬기 x 오카다 도시키

는지 궁금합니다.

오카다　연극은 한 사람의 작업이 아닙니다. 그래서 가장 좋은 점이라면, 많은 사람의 아이디어가 자꾸자꾸 담기고 리허설을 할수록 배우의 연기가 향상되어서 퍼포먼스 자체가 점점 풍부해진다는 거죠. 거기서 많은 힘이 생겨납니다.

연출가라는 건, 이건 정말로 드리는 말씀인데요, 엄청 편해요. 물론 연출가 중에는 자기 머릿속에 명확하게 눈에 보이는 이미지가 있어서 그걸 완성품으로 만드는 사람도 있습니다. 하지만 저는 그런 타입은 아니고, 연극 작품은 지금의 제 방식으로 하는 편이 더 풍요롭다고 생각하는 사람이에요. 제가 중요하게 여기는 것은 오직 콘셉트입니다. 그러니까 그 작품의 볼품이 어떨지 처음에는 거의 이미지를 가지고 있지 않고, 재미만 있으면 어떻게 돼도 좋다고 생각하는 쪽입니다. 그러니까 제가 처음부터 생각하던 콘셉트가 작품에 분명히 담겼다고 판단할 수 있는지가 중요한 거죠. 건축가인 프랭크 게리Frank Gehry가 그랬던 것처럼 저 역시 처음의 콘셉트를 끝까지 지켜나가고 싶어요.

사회자　그렇게 되면 혹시 같이 작업하는 스태프들이 힘들어하지 않는지 궁금해요. 연출의 경우 정확한 가이드가 없으면 좀 혼란스러울 수 있지 않을까 하는 생각이 드는데요.

기슬기　저는 이런 제보를 받았어요. 제가 일본 후쿠오카에 가서 참 세상이 좁다고 느낀 게, 오카다 씨와 같이 작업을 했던 분의 지인과 만나게 되었어요. 그분 말씀이, 오카다 씨께서 작업을 처음 시작하실 때 배우에게 정확한 가이드를 제시하지 않는다고 하시더라고요. 그래서 배우 입장에서는 처음에 어렵게 느낀다고 들었습니다. 자기한테 맞는 표현이 뭔지 몰라 찾아가는 데 시간이 많이 걸려서, 그 부분이 자기는 힘들었다는 얘기를 건너건너 들었어요.

오카다   그렇구나. 그래도 시간은 들이고 있어요. 제가 말하는 것, 제가 바라는 것이 무엇인지 "이 신에서 그 대사를 할 때는 이런 식으로 움직여주세요" 하고 구체적으로 말하는 적은 거의 없지만, 어떤 것을 퍼포먼스의 기준으로 해야 하는지는 전하고 있다고 생각해요. 그런데 그러는 데는 시간이 걸리죠. 그것을 위한 시간은 들이고 있고, 어느 순간에 배우는 무척 자유로워져서 연출가가 이렇게 해주길 원한다는 생각을 이해하고 제 요구에 대응해 주게 됩니다. 게다가 본인 나름의 자유로운 방식으로 체현해주는 일이 일어나죠. 창의적으로 상상하면 배우도 분명 즐거울 거예요. 그저 지시받은 대로 하는 것보다 훨씬 즐거울 것이 분명하므로, 저로서는 그다지 배우를 괴롭힐 생각이 없습니다. 틀렸을지도 모르겠습니다만.

사회자   맞는 말씀 같아요. 배우 스스로 감각을 충분하게 쓸 수 있게끔 하시는 것이 저도 굉장히 좋을 것 같은데요. 다만 그 과정이 정말 힘들 것 같다는 생각이 드네요.
그리고 아까 연극은 혼자 만드는 것이 아니라고 말씀하셨는데,

기슬기 × 오카다 도시키

그것은 여기 계시는 누구나, 연극을 보신 분이라면 모두 공감하실 거예요. 그런데 특히 시각예술 작가들, 그림을 그린다거나 사진을 찍는 작가들은 대부분의 시간을 혼자서 보내기 때문에 외로움을 많이 느껴요. 하지만 사실은 혼자 작업하는 것이 아니거든요. 1950년대에 존 케이지라는 작가가 있는데 그 사람이 "당신이 작업할 때 모든 사람이 다 스튜디오 안에 있다. 당신의 과거와 친구들, 미술계, 본인의 생각, 이런 것들이 함께 있는데 그림을 그리기 시작하면 그것들이 하나씩 떠나기 시작하고 결국 혼자 남겨진다. 운이 좋다면 당사자조차 그곳을 떠나게 될 것이다"라는 의미심장한 이야기를 했어요. 그래서 회화 작가라든지 사진작가도 사실은 어떻게 보면 혼자 작업을 하는 게 아니고, 연극을 하시는 분도 여럿과 작업하는 것 같지만 어쩌면 혼자 작업하는 걸 수도 있겠다고 느꼈습니다. 기슬기 작가님도 혼자 작업할 때 외롭다는 생각을 많이 하실지 모르겠는데, 사실은 작업 중에 굉장히 많은 개입과 영향이 함께한다는 생각을 하시면 좋을 것 같아요.

기슬기　이 말이 생각보다 너무 당연한데, 저는 시간이 좀 걸렸던 것 같아요. 저번 대담 때 오카다 씨한테 제가 질문했던 게, 오카다 도시키의 작품보다 작가 오카다 도시키, 그리고 제가 작업을 하면서 느끼는 부분들에 대해서 의문이 되는 것을 많이 여쭤봤어요. 그중 하나가 막다른 골목에 있을 때 어떤 형식으로 작업을 풀어나가느냐 하는 것이었는데, 그때 대답이 연극은 혼자 하는 것이 아니라면서 "혼자 안 하면 된다"라고 저한테 이야기하시는 거예요. 그게 너무 당연한 이야기라서 '그래 맞아, 그럼 되지'라는 생각이 들기도 했어요.

오카다 도시키 씨한테 영향을 받은 것 중 하나는 제가 말랑말랑해졌다는 거예요. 전에는 작업을 하면 시작부터 무조건 제 안에서 영감을 끌어내야 하고, 그것을 찾는 행위조차 제 의지로 해야 된다고 생각했거든요. 그래야지 온전히 제 것이 된다고 믿었어요. 그런데 작업을 좀 한 이후에는 달라졌어요. 언제부턴가 시각예술 작가들이 제 작업에 대해서 많이 물어본 것이 계기가 되었어요. 거기에 답하면서 제가 생각보다 사람들이랑 금방 친해질 수 있는 성격이라는 것도 처음 알게 되었고, 제 작업을 객관적으로 볼 수 있는 눈이 생겨서, 밀고 나아갈 수 있어서 좋았던 것 같습니다.

오카다   뭔가 도움이 되어 기쁘네요. 아까 표현 방식과 관련해 '당초 생각한 것을 변경하는 일이 있습니까?' 하고 물은 것은, 얼마 전 슬기 씨가 특별히 제작 중인 영상 작품을 보여주신 것과 관계있어요. 저는 그것을 데이터로 받아서 봤는데, 그게 앞으로 어떻게 변해서 완성품이 될까 굉장히 흥미를 느낍니다. 보통은 슬기 씨가 만든 완성품만을 보잖아요. 그렇지 않은 것을 보내주셔서 무척 귀중한 것을 봤다고 생각했습니다. 그러니까 제가 본 미완성의 영상 작품이 어쩌면 다 완성된 뒤에는 지금 본 모습에서 아무것도 남아 있지 않겠다 싶어요. 그걸 상상하는 게 재미있었네요.

기슬기   저번 대담 이후로 오카다 씨와 더 많은 대화를 해보고 싶었어요. 그래서 제안을 했던 게 서로의 스케줄에 방해가 되지 않으면 이메일을 보내서 현재 고민하는 부분들을 공유해보자는 거였어요. 그러던 중에 제가 당시에 하고 있던 작업의 과정을 보내드려야 할 시간이 되었는데 너무 보내기 싫은 거예요. 왜냐하면 완성되지 않은 것을 '이것은 완성되지 않았습니다'라고 옆에다 쓸까, 미흡하다고 쓸까, 아니면 '이것은 첫 클립'이라고 쓸까 하는 생각이 들었거든요. 보내기 버튼을 보면서 '안 하는 게 좋을지도 몰라' 했어요. 저는 그런 연습이 되지 않았거든요. 그런데 메일을 보낸 후 너무 답장이 기다려지는 거예요. 뭐라고 이야기하실까, 내게 어떤 조언을 주실까. 이메일을 받고서 재미있었어요. 항상 여러 생각을 하게 만들어주시거든요. 덕분에 요즘 '아 맞아, 내가 생각한 부분이 이 점이었지' 하고 집중하는 시간을 가졌습니다.

오카다　완성되지 않은 것을 남에게 보여주는 건 부끄럽죠. 그래도 예를 들어 연극배우는 처음부터 그걸 연습실에서 하지 않으면 안 되잖아요. 물론 전혀 좋지 않지만, 하지 않으면 안 되죠. 하지 않으면 안 좋아지니까. 하지만 대본을 쓰는 사람도, 콘셉트를 생각하는 연출가도 마찬가지로, 처음엔 이걸로 좋은지 전혀 알 수 없는 걸 누군가에게 읽어주거나 보여주는 일을 하거든요. 젊을 때는 그것에 꽤 거부감이 있었지만 지금은 나이가 들어 뻔뻔해지기도 해서 거의 신경 쓰지 않고 점점 보여주는 쪽으로 바뀌었습니다, 저는.(웃음) 어쨌든 그러는 쪽이 그다음에 움직일 계기, 좋아지기 위한 계기를 얻는다는 걸 완전히 알고 있으니까요. 부끄러움을 감수해야 앞으로 나아가고 향상됩니다.

슬기 씨가 보내주신 비디오를 보고 제가 생각한 것은, 왠지 이 작품이 완성됐을 때는 지금 본 원형이 전혀 남아 있지 않은 무엇이 돼 있겠다 하는 거였습니다.

기슬기　휴지통에 버려주세요.(웃음)

오카다　그런 의미는 아니에요.(웃음)

기슬기　저도 그 작업을 진행하면서 누군가 같이 이야기할 수 있으면 좋겠다고 자주 생각했어요. 왜냐하면 제가 처음 생각했던 아이디어로 만들었다기보다, 여러 사람의 이야기를 제가 다시 하나의 이야기로 만들고 그것을 재현하는 방식이었기 때문이에요. 지금은 오카다 씨한테 보낸 이후로 저도 무척 편안해져서 여기저기 많이 보여주고 있어요. 그제도 어떤 친구한테 사진 이미지를 보여줬어요. "이거 어떤 것 같아?" 물어보니 "별로인 것 같아" 하고 말하는 거예요.(웃음) 그래서 "다른 것도 있어. 걱정하지 마"라고 했어요. 좀 자연스럽게 하고 있습니다.

사회자　메일 왕래가 시작된 계기를 조금 이야기해주시겠어요?

기슬기　저는 무엇인가 형식적으로 하는 것을 잘 못해요. 그냥 몸에서 그것을 거부하는 거 같아요. 그래서 이 대담을 통해서 제 역할을 찾았습니다. 대담 상대가 오카다 도시키 씨이기 때문에 더 많은 이야기를 나누고 싶었던 것도 있었고요. 제가 생각하는 것들 그리고 오카다 씨가 생각하는 것들을 공유할 방법이 있으면 좋겠다고 생각했어요. 그렇게 이메일을 주고받았고, '아, 역시 같은 부분들에 대해서 고민하고 있구나' 하는 것을 확인할 수 있었습니다.

오카다 메일을 주고받다가 결국 저는 제게 지금 뭐가 문제고 뭘 생각하고 싶은지 쓰게 됐죠. '차원'이나, 세계를 구성하는 '레이어' 같은 것에 대해서 썼습니다. 왜냐하면 제가 생각하던 것이기도 하고, 슬기 씨의 작품이 그것과 연관되어 있겠다고 생각했기 때문입니다. 예를 들어 이 사진(《We_01》)도, 처음 볼 때는 물론 무섭죠. 유령 같고. 그렇지만 이건 이상한 사진은 아닌 거죠. 어떤 의미에서는 굉장히 리얼한 사진입니다. 이 현실 세계를 구성하는 레이어 중에서 몇 개를 포개면 세계는 확실히 이런 식으로 되어 있어요. 저는 그런 면에서 리얼하다고 생각합니다. 저 팔꿈치를 붙잡고 있는 손이 누구 손인지 먼저 생각해보게 되잖아요, 이걸 보면. 여기서 말하는 누구라는 게 타인인가 자신인가 하는 것이죠. 하지만 타인인지 자신인지는 별로 문제가 아니라는 생각이 들기도 하고요. 그다음부터는 정말로 보는 사람에게 열려 있어요. 이 작품을 보고 나면 그걸 받아들이는 쪽의 상상력이 자극되어 그다음은 마음대로 이쪽에서 이런저런 것들을 상상하는 스위치가 눌리는 거죠. 제게 '리얼'이란 '팔이 두 개가 아니므로 리얼하지 않다'라는 의미가 아니라, '이런 식으로 하지 않으면 표현할 수 없는 리얼이 있다'라는 의미예요. 지금의 내가 할 수 있는 것보다 더 강하게, 더 새로운 방식으로 하고 싶다고 저 스스로도 생각하고 있었어요. 그래서 그런 내용을 메일로 썼습니다.

기슬기 　메일에 혁명을 다룬 작품(《In a Silent Way》)을 만들고 있다고 말씀하셔서 궁금했는데 혹시 간단하게 설명해주실 수 있을까요?

오카다 　올여름에 혁명을 테마로 한 퍼포먼스를 만들 때의 메일이군요. 그 작품에 대해서 간단히 설명할게요. 우선 공연장은, 가는 게 좀 불편한 작은 섬에 있는 미술관 안에서 했어요. 나오시마라는 섬입니다. 거기 사는 사람은 반드시 배를 타지 않으면 안 됩니다. 세토우치국제예술제瀬戸内國際芸術祭 프로그램의 일환으로서 행해진 퍼포먼스예요. 통상 연극 공연에는 좌석이 있는데, 거기는 의자가 준비돼 있지 않아 모두 서 있어요. 한 사람의 남자 공연자가 있고, 그가 연설을 합니다. 즉, 연설 퍼포먼스인 겁니다. 다만 연설이라고 해도 말투가 거칠거나 높고 큰 소리로 얘기하는 연설이 아닙니다. 굉장히 조용하고 부드러운 목소리로, 마이크를 씁니다만, 천천히 조용하고 부드럽게 이야기를 계속합니다. 내용은 '여기에 온 당신들은 모든 것을 이미 이해하고 있다. 그러니까 여기 와 있는 거다'라는 것. '이 체험을 하면 자신이 달라질 수 있다는 걸 당신은 이미 알고 있어서 일부러 배를 타고 바다를 건너, 섬들의 풍경을 보면서 여기 찾아온 거다'라고 이야기해요. '누구나 할 수 있는 건 아니다. 하지만 당신은 달라질 수 있어서 여기서 이렇게 내 이야기를 듣고 있는 거다'라고요. 즉, 굉장히 수상쩍은 연설을 하는 겁니다. 최면술 같기도 하고 미심쩍은

기슬기의 사진 〈We_01〉.

물건을 강매하는 느낌도 있고, 아무튼 그런 수상쩍은 것입니다. 거기서는 그런 방식으로 혁명에 대해 이야기합니다. '혁명은 실제로 액션을 일으킬 필요 없다. 당신이 이렇게 여기 오는 것만으로 당신 안에서 세계를 파악하는 방식은 변모했다. 그것으로 어떤 의미에서 혁명은 이미 행해지고 있다'라고요. 공연자는 줄곧 같은 장소에서 계속 얘기하는 게 아니라, 그 공간을 이리저리 걸어서 이동하며 떠듭니다.

관객이 100명 들어와 있는데, 배우가 이동하면 거기에 맞춰 이동하죠. 그에게 다다가고 싶어져요. 이동하지 않으면 보기 힘들

퍼포먼스 〈In a Silent Way〉.

거나 하니까. 즉, 관객을 움직인다고, 안무하고 있다고 말할 수
있습니다. 일부러 줄이 달린 유선 마이크를 썼습니다. 그가 움
직이면 당연히 그 줄도 움직이므로 관객은 줄을 넘지 않으면 안
되죠. 그렇게 움직이는 것에 대해 생리적으로 불쾌한 사람, 싫다
는 사람도 있습니다만 그런 사람은 회장 끝 쪽, 벽 쪽으로 점점
옮겨 갑니다. 하지만 굳이 그렇게 휘말리기를 바라는 관객도 있
어요. 그때 함께한 배우는 굉장히 인기 있고 유명한 사람이기
때문에 팬도 많았는데, 솔직히 말하면 배우를 보러 가까이 가고
싶어 하는 사람도 있었습니다.(웃음)

하지만 마지막에는 의도된 결말이 있어서, "이상은 프레젠테이
션입니다. 즉, 우리는 이렇게 해서 사람을 변모시키거나 뭔가를

기슬기 × 오카다 도시키

맹목적으로 믿게 만드는 노하우를 갖고 있으니까 그런 것을 원하는 분이 계시면 부디 일을 주십시오"라고 해요. '말과 움직임으로써 관객의 마음을 변모시키는 것이 혁명이다' 하는 작품이었죠.

사회자 편지가 오갈 무렵 작품을 하셨던 것인데, 혹시 오카다 도시키 씨는 작품을 하실 때 이번 대담에서 받으신 영향이 있는지 궁금합니다.

오카다 슬기 씨의 작업이 제게 준 영감은 아까도 말했습니다만, 세계가 무엇으로 구성되어 있는지 물을 때 '보이지 않는 것으로 구성된다'라는 사실에 도달하는 것. 보이지 않는 것은 우선 그 존재를 인식하는 사람과 인식하지 못하는 사람이 있다는 게 큰 문제예요. 보이지 않으면서 존재는 하는 게 있다는 거요. 예를 들어 유령도 그렇고 그 팔도 그렇죠. 역사 문제 같은 것도 문제를 인식하는 사람과 인식하지 못하는 사람이 있다는 의미에서 보이지 않는 것으로 구성된 세계잖아요. 그런 의미에서 유령과 역사는 같은 측면을 갖고 있다고 저는 생각합니다.

기슬기 처음에 대담을 하기로 했을 때부터 '하고 싶은 이야기를 다는 못하겠구나' 하는 생각을 했지만, 저는 세세한 것부터 작업을 바라보는 방식까지 생각 이상으로 많은 변화가 있었어요. 제가 과도기에 있어서 그런지도 모르지만요.
현재 기존에 하던 작업 외에 페인팅 작가와 협업을 하고 있는데,

전에는 작업 중간에 생기는 변수들을 완전히 차단하고 작업했다면 지금은 그걸 많이 받아들이면서 작업하고 있어요. 대담이 제 작업 방식에 어느 정도 영향을 준 것 같아요. 개인 작업 면에서는 조금 명확해지는 부분들이 있네요. 제가 이야기하고 싶은 것을 표현하는 미묘한 방식들, 그런 것들을 돌아보는 계기가 되었던 것 같습니다.

* * *

관객 | 대담 잘 들었습니다. 듣기로는 두 분의 공통점이 인간의 다양성, 상상력, 사고를 깊이 존중한다는 느낌을 받았습니다. 그런데 그 것이 두 분이 사진작가로서, 연출가로서 사람의 상상력이나 다양성을 일으키는 데 그친다면 뭔가 아쉽다고 생각해요. 그것을 넘어서, 사람들이 그러한 상상력을 가지고 본질적으로 무엇을 추구하길 바라시는지, 표현 방식을 좀 더 명확하게 하실 의향이 있으신지 묻고 싶어요.

기슬기 제 방식으로 어떤 본질적인 것을 이야기하지 않더라도 보시는 분들이 그것을 상상하고 계시다고 저는 믿어요. 그리고 본질적인 메시지가 잘 보이지 않게 노력을 하기도 해요. 개인마다 느끼는 게 다르고, 그래야 이야기가 더 풍성해질 수 있기 때문에요. 그래서 저는 "난 이런 이야기를 하고 있습니다"라며 드러내고 싶지 않아요.

전하고 싶은 메시지가 없느냐고 묻는다면 답변은 '있다'입니다. 하지만 '메시지를 전했다고 해서 대단한 건 아니잖아'라는 자각이 있기 때문에 조심하려고 생각해요. 그보다 중요하게 여기는 것은, 자기가 만든 작품에 대해서 '보는 사람에게 이런 메시지를 줄 수 있겠지'라는 예상이나 기대를 하고 믿는 것. 그러면 그 기대를 넘는 결과가 나온다 하는 경험을 여러 번 했습니다. 예를 들어 예전에 바로 이곳 두산아트센터에서 공연한 〈현 위치〉라는 작품이 있습니다. 그 작품을 만든 계기는 5년 전의 동일본 대지진과 후쿠시마 원전 사고로 사람들 속에서 일어난 분단을 형상화해보고 싶었던 것입니다. 즉, 후쿠시마 사고가 저에게 〈현 위치〉를 만들게 한 직접적 동기이긴 해도 '지금 일본은 이런 상황이 되었습니다. 그걸 알아주세요'라고 관객에게 전하고 싶은 마음과는 별개죠. 관객이 작품의 동기를 알아주길 바라는 마음으로 만든 건 아니거든요.

서울에서 공연을 본 관객 몇 사람에게서 "남북문제를 떠올리게 해줬다"라는 코멘트를 받았습니다. 하지만 저는 전혀 그런 의도 없이 작품을 만들었잖아요. 아마 지금 미국에서 그걸 상연한다면 후쿠시마와는 전혀 관계없는, 현재 미국 사회의 분단에 대해서 관객은 생각할 거라고 짐작합니다. 저로서는 작품이 그런 기능을 하게 만드는 편이, 단순히 메시지를 직설적으로 전하는 것보다 기쁨이 큽니다.

오카다 씨의 작품과 제 작업이 추구하는 방향은, 제가 생각하기에, 세상을 다시 바라볼 수 있는 수단과 방법에 대한 안내서 역할을 하고 있지 않나, 그리고 그것을 관람객 입장에서 다시 해석해보는 하나의 눈을 제시하지 않나 합니다.

오카다　그래요. 브라우저라든지 안경이라든지 그런 이미지가 제 안에 있네요.(웃음)

관객 2　오카다 씨에게 묻고 싶은 것이 있습니다. 어린아이는 아무것도 몰라서 상상력이 풍부하다는 얘기를 들은 적이 있습니다. 거꾸로 이런저런 경험이 있는 편이 풍요로운 예술 활동을 할 수 있다고도 들었어요. 다양한 경험이 있는 것과 아무것도 모르는 것, 어느 쪽이 상상력이 풍부하다고 생각하세요?

오카다　지금 굉장히 본질적인 질문을 해주셨습니다. 극히 상식적으로 생각하면 상상력과 경험은 반비례 관계에 있어서, 경험이 늘어날수록 상상력은 빈곤해진다고 말하지 않을 수 없는 부분이 있는지도 모르겠어요. 하지만 저는 작품을 통해서 '어른이 되어 경험을 쌓는다고 상상력이 궁핍해진다든지 그러면 안 되잖아' 하는 메시지를 언제나 발신하고 있어요.

작년에 처음으로 어린이를 대상으로 연극을 만들었습니다. 아주 즐거웠어요. 어린이는 연극의 관객으로서 무척 뛰어나기 때문이죠. 상상력이 풍부하니까요. 그때는 어린이 쪽이 어른보다 관객으로서 훌륭하다고 생각했죠. 하지만 그렇다고 해서 어른을 버리고 어린이 연극만을 만들면 안 되겠다고 생각했습니다. 경험을 쌓을수록 쇠퇴하는 상상력만 있는 게 아니라 경험을 쌓아 강해지거나 새롭게 손에 넣는 상상력도 있거든요.

방금 하신 질문에 대한 명확한 답변은 아직 할 수 없다고 생각하는데, 그건 모르기 때문입니다. 상상력과 경험의 관계를 만약 그래프로 그런다면 어떠한 그래프가 현실적일지. '분명 이런 관계도 있을 수 있겠다' 하는 것에 대해 계속 고찰해보고 싶습니다.

관객 3 기슬기 씨께 질문 있습니다. 어쨌든 사진이라는 것은 한 프레임 안에 어떤 물체를 찍어서 담는 것이잖아요. 그런데 기슬기 씨의 사진을 보면서 느낀 것인데, 군이 사진 안에 담지 않고 설치미술이라든가 퍼포먼스 미술 같은 것을 하면 공간이나 시간의 확장이 더 와닿지 않을까 하는 생각이 듭니다. 혹시 그런 분야를 접목하실 생각이 있는지 여쭤보고 싶습니다.

기슬기 저는 작업을 할 때 '마지막 결과물이 사진이어야 해'라는 선입견을 가지고 작업을 하지는 않아요. 질문을 듣고 기뻤던 것이, 제 평면 작품을 보고 영상이나 퍼포먼스로 움직임을 표현했으면 좋겠다고 상상하셨잖아요. 그게 제가 원하는 거예요. 그렇게 상상하게 만드는 것이요. 그래서 영상이나 퍼포먼스로 만들기보다는, 평면 작품으로 보는 이의 상상력을 풍요롭게 하는 편을 택한 것이지요.

오카다 그렇네요. 슬기 씨의 작품은 '저게 움직이면 어떨까' 하고 상상하게 하거든요.(웃음) 하지만 그건 슬기 씨에게 비디오를 만들어주면 좋겠다고 바라는 것이라기보다, 작품이 보는 사람 안에서 이미 비디오가 되어 있다는 의미입니다.

관객 | 오카다 도시키 씨께 여쭤보고 싶습니다. 공연 매체라는 것은 구태여 노력하지 않는 한 기록되지 않기 때문에 보는 사람 입장에서 보기 힘들 때가 많잖아요. 외국에 계신 연출가시니까 저 같은 경우 더더욱 보기 힘들고요. 그럴 때 매체로서 아쉽지 않으신지. 이게 첫 번째 질문이고요, 또 하나는 소설을 쓰신다는 걸 오늘 처음 알았는데, 왜 소설을 쓰시는지 궁금합니다.

오카다 두 번째 질문부터 답하겠습니다. 실은 저는 원래 소설을 쓰고 싶었습니다. 연극은 그다지 좋아하지 않았지만 소설은 굉장히 좋아했어요. 지금은 연극 일이 바빠져서 좀처럼 소설 쓸 시간이 없어졌는데, 주변에서도 연극을 하는 사람으로서 보기 때문에 '왜 소설을 쓰는가'라는 질문을 자주 받아요. 하지만 제 개인사를 생각하면 그 질문 자체가 굉장히 기묘하거든요. 소설을 쓰는 것은 정말로 자연스러운 욕구로 옛날부터 있었던지라.

첫 질문에 대해서 답을 말씀드리면, 아쉬운 마음은 없습니다. 아마도 관객이 극장에 모여 그에 동참하는 경험을 하기 때문일 거예요. 흥행 수치가 얼마건 관객이 거기에 앉아 실제로 보고 있다는 데서 제가 충족되는 거죠. 제 연극은 그렇게 커다란 공연장에서는 하지 않고, 많아도 200명 정도입니다. 100회 정도 하면 2만 명입니다. 하지만 100회나 하면 보통 '이제 된 거 아냐?' 하는 기분이 됩니다. 각자 수용할 수 있는 양이 있는 거죠. 더 많은 독자라든가 관객을 모을 수 있는 매체와는 비교가 안 될

만큼 적은 수라고 해도, 나름대로는 가능한 만큼 충족했다는 느낌을 얻어요. '보는 사람이 이것밖에 없나' 하고 아쉬운 기분이 되지 않는 건 그 때문 아닐까 생각합니다.